Auf den Spuren
GROSSER DEUTSCHER

Die unvergesslichen Dichter Johann Wolfgang von Goethe und Friedrich von Schiller vor dem Deutschen Nationaltheater in Weimar. Seit 1794 verband die beiden Dichterkollegen eine innige Freundschaft, und von 1799 bis 1805 wirkten sie gemeinsam an der Weimarer Bühne. Ihr literarisches Wirken ging als so genannte »Weimarer Klassik« in die Literaturgeschichte ein.

Vorwort

Spuren zu hinterlassen ist wohl eines der größten Bestreben des Menschen. Das Leben ist kurz, der Körper zerbrechlich, selbst Ruhm oft flüchtig – irgend etwas soll einen überdauern. Die 100 Personen, die in diesem Buch versammelt sind, haben zumindest dies erreicht: Sie haben sich mit ihrem Namen in das kollektive Gedächtnis eingeschrieben.

Eine Zusammenstellung, wie sie in diesem Buch zu finden ist, soll zum Nachdenken anregen. Sie kann es nicht jedem recht machen. Dem einen sind zu wenige Könige und Politiker dabei, der andere vermisst diesen Wissenschaftler oder jenen Komponisten. Eine derartige Auswahl wirft auch die Frage auf, wer überhaupt als Deutscher zählen kann. Ferdinand Porsche etwa, obwohl gebürtiger Böhme, wird man rein intuitiv dazu zählen; Konrad Lorenz dagegen kann man, obwohl er fast sein ganzes Forscherleben in Deutschland verbracht hat, guten Gewissens als Österreicher bezeichnen und daher außen vor lassen. In zwei Fällen wurden Deutschlands Grenzen bewusst erweitert, und zwar zeitlich: Arminius war schon deshalb kein Deutscher, weil es den Begriff seinerzeit noch lange nicht gab; und auch Karl den Großen kann man eigentlich nicht als Deutschen bezeichnen. Aber beide markieren Wendepunkte unserer Geschichte: Arminius das Ende der römischen Expansion, der Franke Karl das Römische Reich, das später mit dem Zusatz »Deutscher Nation« versehen und dessen symbolischer Gehalt, die »Reichsidee«, sich über viele Jahrhunderte als sehr wirkmächtig erweisen sollte.

Deutschland hat der Welt unschätzbare kulturelle Leistungen hinterlassen, aber auch die unvorstellbaren Gräuel des Nationalsozialismus. Was wäre etwa die Musik ohne Bach, die Philosophie ohne Kant, die Architektur ohne Gropius? Und wie, andererseits, wäre das 20. Jahrhundert verlaufen, wenn nicht jeder, der im ersten Drittel des Jahrhunderts etwas halbwegs Originelles zustande brachte, von den Nationalsozialisten außer Landes getrieben oder mundtot gemacht worden wäre? Auch darüber nachzudenken, ist dieses Buch eine Einladung.

Von der Kaiser-Wilhelm-Gedächtniskirche, die von 1891 bis 1895 zum Gedenken an Kaiser Wilhelm I. erbaut wurde, ist nach den alliierten Luftangriffen von 1943 lediglich eine rauch-geschwärzte Ruine übrig geblieben. Heute steht neben der Ruine der Bau der neuen Gedächtniskirche von Egon Eiermann. Durch den Lichteinfall der blauen Glasbausteine herrscht in ihrem Innern eine ganz besondere Atmosphäre.

Adenauer, Konrad	8
Albertus Magnus	10
Arendt, Hannah	12
Arnim, Bettina von	14
Asam, Cosmas Damian und Egid Quirin	16
August der Starke	20
Bach, Johann Sebastian	24
Barlach, Ernst	26
Baselitz, Georg	28
Beethoven, Ludwig van	30
Behaim, Martin	34
Behnisch, Günter	36
Benedikt XVI.	38
Benz, Carl	40
Beuys, Joseph	42
Bismarck, Otto von	44
Bodelschwingh, Friedrich von	46
Böll, Heinrich	48
Bonhoeffer, Dietrich	50
Brahms, Johannes	52
Brandt, Willy	54
Brecht, Bertolt	56
Cranach, Lukas der Ältere	58
Daimler, Gottlieb	62
Dietrich, Marlene	64
Droste-Hülshoff, Annette von	66
Duden, Konrad	70
Dürer, Albrecht	72
Einstein, Albert	76
Fassbinder, Rainer Werner	78
Fontane, Theodor	80
Frank, Anne	84
Friedrich I. Barbarossa	86
Friedrich II., der Große	88
Friedrich August I.	20
Friedrich, Caspar David	90
Fugger, Jakob	92
Gauß, Karl Friedrich	94
Goethe, Johann Wolfgang von	96
Grass, Günter	100
Grimm, Jacob und Wilhelm	102
Gropius, Walter	104
Grünewald, Matthias	106
Gutenberg, Johannes	108
Hahnemann, Samuel	110
Händel, Georg Friedrich	112
Heine, Heinrich	116
Heisenberg, Werner	118
Hermann der Cherusker	120
Hesse, Hermann	122
Hildegard von Bingen	124
Humboldt, Alexander und Wilhelm von	126
Kant, Immanuel	128
Karl der Große	130

INHALT

Kepler, Johannes 132
Kirchner, Ernst Ludwig und die »Brücke« 134
Klenze, Leopold von 138
Kneipp, Sebastian 142
Koch, Robert 144
Kollwitz, Käthe 146
Kopernikus, Nikolaus 148
Krupp, Alfred 150
Lasker-Schüler, Else 152
Leopold III., Fürst von Anhalt-Dessau 154
Lessing, Gotthold Ephraim 156
Lilienthal, Otto 158
Ludwig II. 160
Luther, Martin 164
Luxemburg, Rosa 168
Mann, Thomas 170
Marx, Karl 172
Mendelssohn-Bartholdy, Felix 174
Merian, Maria Sibylla 176
Mies van der Rohe, Ludwig 178
Modersohn-Becker, Paula 180
Münter, Gabriele und »Der Blaue Reiter« 182
Neumann, Balthasar 186
Nietzsche, Friedrich 188
Ossietzky, Carl von 190
Otto I., der Große 192
Paracelsus 194
Planck, Max 196
Porsche, Ferdinand 198
Röntgen, Wilhelm Conrad 200
Schiller, Friedrich von 202
Schindler, Oskar 206
Schinkel, Karl Friedrich 208
Schmeling, Max 210
Scholl, Sophie 212
Schumann, Clara 214
Schweitzer, Albert 216
Siemens, Werner von 218
Strauss, Richard 220
Tucholsky, Kurt 222
Wagner, Richard 224
Walther von der Vogelweide 226
Wilhelmine von Bayreuth 228
Wolfram von Eschenbach 230
Zeiss, Carl 232
Zeppelin, Ferdinand Graf von 234
Zimmermann, Dominikus und Johann Baptist 236

Orts- und Personenregister 238
Bildnachweis/Impressum 240

Konrad Adenauer schwört mit erhobener Hand auf das Grundgesetz der Bundesrepublik Deutschland. Am 29. Oktober 1957 fand im Bonner Bundestag die feierliche Vereidigung für seine dritte Amtsperiode statt (großes Bild).

Rechte Bildleiste, von oben: Der inzwischen 90-jährige »Patriarch vom Rhein« im Wohnzimmer seines Hauses in Rhöndorf bei Bonn. Das Arbeitszimmer sowie der Schreibtisch in

Konrad Adenauer

der Rhöndorfer Villa, in der heute eine Adenauer-Gedenkstätte eingerichtet ist. Bild rechts: Adenauer im Jahr 1966, ein Jahr vor seinem Tod am 19. April 1967.

Konrad Adenauer (1876–1967) führte die Bundesrepublik Deutschland als erster Bundeskanzler der Nachkriegszeit zurück in die Völkergemeinschaft und integrierte das Land in die westlichen Bündnisse. Er steht für die Politik des so genannten »rheinischen Kapitalismus« sowie für die »alte« Bundesrepublik mit dem historisch unbelasteten Machtzentrum Bonn.

Als Mitglied der Zentrumspartei war Konrad Adenauer 16 Jahre lang (1917 bis 1933 sowie kurzzeitig 1945) Oberbürgermeister von Köln. 1949 wurde er als erster Kanzler der Bundesrepublik gewählt und blieb es bis 1963. Von 1951 bis 1955 war er zugleich Außenminister, von 1950 bis 1966 CDU-Vorsitzender. Seine tiefe Verankerung im rheinischen Katholizismus und in den Werten des konservativen Bürgertums einerseits sowie seine Gegnerschaft zu den Nationalsozialisten andererseits machten ihn nach dem Zweiten Weltkrieg zur idealen Integrationsfigur, die auch im Ausland als Vertreter des neuen, demokratischen Deutschland respektiert wurde. Konrad Adenauer setzte frühzeitig auf eine klare Westorientierung der Bundesrepublik sowie auf eine rasche Wiedererlangung der vollen staatlichen Souveränität einschließlich der – innenpolitisch heftig umstrittenen – Wiederbewaffnung. Die Kombination aus Intelligenz, Machtinstinkt, festen politisch-moralischen Überzeugungen und taktischer Cleverness machte ihn zum Idealtypus des Nachkriegspolitikers. Durch sein Verhandlungsgeschick gelang es ihm auf einer Moskaureise 1955, die Aufnahme diplomatischer Beziehungen zur Sowjetunion mit der Freilassung der letzten deutschen Kriegsgefangenen zu verknüpfen – eine Leistung, die ihm in der Bevölkerung mehr als alles andere gedankt wurde.

Als sich Albertus Magnus nach einem wenig sesshaften Leben 1269 in Köln niederließ, gab es zwar St. Gereon (vorn) bereits, der Bau des gotischen Doms (hinten) allerdings war erst 1248 begonnen worden (großes Bild).

Kleines Bild links: Eine Illustration aus einer Ausgabe der »Philosophia Naturalis« von Albertus Magnus aus dem Jahr 1506. Magnus vermutete drei Zellen im Gehirn des Men-

schen, die für die verschiedenen geistigen Funktionen zuständig seien. Bild rechts: Die Albertus-Magnus-Skulptur vor dem Hauptgebäude der Universität Köln.

Durch ganz Deutschland und weite Teile Europas reiste der mittelalterliche Dominikanermönch und Universitätslehrer Albertus Magnus (um 1200–1280). 1931 wurde er heilig gesprochen, zehn Jahre später erklärte Papst Pius XII. den Gelehrten zum Schutzpatron der Naturwissenschaftler.

Albertus Magnus war in seinem für die damaligen Verhältnisse sagenhaft langen Leben fast unaufhörlich unterwegs. In einer Zeit, in der das Reisen mühsam, langsam und auch gefährlich war, bewegte er sich kreuz und quer durch Deutschland und Europa. Geboren wurde Albertus Magnus in Lauingen an der Donau. In Padua absolvierte er ein Studium der Theologie und trat dem Dominikanerorden bei. Zum Abschluss seines Studiums ging er nach Paris, wo er als Lehrer tätig war. In Freiburg, Straßburg und Hildesheim machte Magnus sich um den Aufbau von Priesterseminaren verdient, bevor er Universitätslehrer in Köln wurde, wo unter anderem der später heilig gesprochene Thomas von Aquin sein Schüler war. 1254 wählte man Albertus Magnus zum Provinzial des Dominikanerordens für die deutschsprachige Provinz. Nun musste er erst recht viel reisen, um in allen Klöstern nach dem Rechten zu sehen. 1260 wurde er auf Wunsch des Papstes zum Bischof von Regensburg, doch bat er schon nach wenigen Jahren darum, von seinem Amt entbunden zu werden, um in Böhmen und Deutschland Teilnehmer für den siebten Kreuzzug zu werben. 1269 ließ Magnus sich endgültig in Köln nieder. Er verfügte fast über das gesamte Wissen seiner Zeit, nicht nur in der Theologie, sondern auf beinahe allen Gebieten der damals noch nicht so genannten Naturwissenschaften. Seine Gebeine ruhen in der Kirche St. Andreas in Köln.

Hannah Arendt während des Adolf-Eichmann-Prozesses 1961 in Israel, zu dem sie von der »New York Times« zur Berichterstattung geschickt wurde (großes Bild). Besonders bekannt, aber auch umstritten, wurde sie wegen ihrer

Äußerungen zum Eichmann-Prozess. Der SS-Sturmbannführer Eichmann, der als Organisator für die Deportation von Millionen von Juden in die Vernichtungslager verantwortlich

war, war in ihren Augen ein »Hanswurst«; ihre Wendung von der »Banalität des Bösen« wurde zu einem geflügelten Wort. Bild oben: Hannah-Arendt-Gedenktafel in Hannover.

Hannah Arendt (1906–1975) verkörpert, wie keine andere, die deutsch-jüdische Intellektuelle des 20. Jahrhunderts: scharfsinnige politische Denkerin, Philosophin, Schriftstellerin und Journalistin, dazu eine Frau, die trotz aller Katastrophen dieses Jahrhunderts das Leben liebte und der die Menschen wichtiger waren als alles andere.

Ihr großes Thema war der Totalitarismus, den sie sowohl auf populär-gesellschaftlicher Ebene als auch wissenschaftlich-philosophisch behandelte. Hannah Arendt stammte aus einer assimilierten, sozialdemokratisch orientierten jüdischen Familie; geboren am 14. Oktober 1906 in Hannover-Linden, wuchs Hannah Arendt in Königsberg und in Berlin auf. Ab 1924 studierte sie Philosophie und Theologie in Marburg, Freiburg und Heidelberg, unter anderem bei Edmund Husserl, Karl Jaspers und Martin Heidegger; mit ihm pflegte sie eine kurze Liebesaffäre und anschließende Freundschaft, die sie 1933 abbrach, als Heidegger der NSDAP beitrat. Ab 1929 lebte sie wieder in Berlin und sah bald ihre frühe Ahnung bestätigt, dass die Assimilation der Juden in der deutschen Gesellschaft nicht funktionieren könne. »Wenn man als Jude angegriffen wird, muss man sich als Jude verteidigen«, war ihr Credo. 1933 emigrierte sie nach Frankreich und 1941 nach New York, wo sie zunächst als Lektorin und Journalistin tätig war. Von 1948 bis 1952 war sie Direktorin der Jewish Cultural Reconstruction Organization zur Rettung jüdischen Kulturgutes und reiste in dieser Position erstmals wieder nach Deutschland. 1951 erhielt sie die amerikanische Staatsbürgerschaft. Von 1963 bis 1967 war Hannah Arendt Professorin in Chicago, anschließend, bis zu ihrem Tod 1975, an der New School for Social Research in New York.

Die Grabstätte Bettina von Arnims auf dem kleinen Schlossfriedhof der Familie von Arnim im Park von Schloss Wiepersdorf in Brandenburg (großes Bild). Bettina und ihr Ehemann Achim von Arnim lebten hier ab 1814.

Kleines Bild unten: Das während der Renaissance erbaute Schloss Wiepersdorf wurde von 1731 bis 1738 durch den preußischen General von Einsiedeln umgestaltet. Bild

Bettina von Arnim

rechts: Die etwa 24-jährige Bettina von Arnim auf einer zeitgenössischen Radierung aus dem Jahr 1809. Die Zeichnung stammt von dem Künstler Ludwig Emil Grimm (1790–1863).

Bettina von Arnim (1785–1859) verkörpert, wie wohl keine andere Frau, die deutsche Romantik: hochbegabt, verträumt und selbstbewusst zugleich, engagiert politisch, getrieben von einem Freiheitsdrang, den man als Frau in damaligen Zeiten eigentlich nicht haben durfte.

Die siebenfache Mutter engagierte sich als Herausgeberin sowohl der Werke ihres verstorbenen Mannes, des Dichters Achim von Arnim, als auch ihrer eigenen, in denen sie ohne Rücksicht auf ihren Ruf frühe autobiografische Erfahrungen verarbeitete. Bettina von Arnim wurde am 4. April 1785 in Frankfurt am Main als Bettina Brentano geboren und bis zu ihrem 13. Lebensjahr gemeinsam mit ihren Schwestern in einem Ursulinenkloster erzogen. Danach wuchs sie, weil die Eltern bald starben, bei ihrer Großmutter Sophie La Roche auf, einer selbstbewussten und unabhängig lebenden Frau. Von Anfang an zeigte Bettine, wie sie selbst sich nannte, ein stolzes, unabhängiges Wesen, scherte sich nicht um Konventionen und lebte ihre romantische Ader aus. Zeitlebens unterhielt sie eine enge Beziehung zu ihrem Bruder Clemens Brentano, der selbst als Dichter berühmt wurde und in dessen Bekanntschaft sie ihren späteren Mann Achim von Arnim kennen lernte. Durch ihr Umfeld, aber auch durch ihre eigene Initiative kam sie mit zahlreichen bedeutenden Persönlichkeiten in Kontakt. So pflegte sie etwa eine enge Verbindung zu Goethes Mutter und lernte dadurch den bewunderten Dichter selbst kennen. Ihren Briefwechsel mit Goethe verarbeitete sie viel später wiederum mit großer dichterischer Freiheit in einem Briefroman. In ihren letzten Jahren in Berlin legte sie sich durch ihren Kampf gegen Unterdrückung aller Art sogar mit dem preußischen König an.

Großes Bild: Die Marienkirche der ehemaligen Abtei Aldersbach gehört zu den Hauptwerken der Gebrüder Asam. Ab 1720 schmückten sie das Innere des Gotteshauses mit herrlich schwungvollen Dekorationen aus. Kleines Bild unten:

Mit dem Bau und der Ausgestaltung der Weltenburger Klosterkirche (1716–1739) legten die Brüder den Grundstein für ihren Ruhm. Ganz im Sinne des Spätbarocks gelang es ihnen

Gebrüder Asam

Malerei, Plastik, Lichtführung, Raumgestaltung und Architektur zu einem einheitlichen Gesamtkunstwerk zu verbinden. Rechts: Cosmas Damian Asams Selbstporträt in Weltenburg.

Die bayerischen Gebrüder Asam (Cosmas Damian, 1686–1739, und Egid Quirin, 1692–1750) waren Baumeister, Bildhauer, Stukkateure und Maler. Sie gelten heute als Inbegriff des süddeutschen Spätbarocks am Übergang zum Rokoko.

Schon der Vater der Brüder war Freskomaler und Stukkateur gewesen und arbeitete zur Zeit der Geburt des älteren Cosmas Damian als Klostermaler in Benediktbeuern. Die Brüder gingen bei ihm in die Lehre und erhielten nach seinem Tod 1711 entscheidende Impulse in Rom (Cosmas) sowie beim Münchener Hofbildhauer Faistenberger (Egid). Ab etwa 1714 arbeiteten sie an zahlreichen größeren Projekten, vor allem im süddeutschen Raum, aber auch in Böhmen, dem Rheinland oder in Tirol. Sie ergänzten sich kongenial: Beide waren vielseitig begabt und verstanden alle Facetten ihrer Künste von der Architektur bis zur reinen Malerei. Dabei konzentrierte sich Cosmas mehr auf die Freskomalerei und Egid überwiegend auf die Bildhauerei und Stukkatur, wenn sie Aufträge gemeinsam ausführten. Die Brüder entwickelten einen Stil, der durch illusionistische Raumwirkung, geschickte Lichtführung, dramatische Kontraste und üppige Farbigkeit den lustvollen Überschwang des Barocks mit einer theatralischen Religiosität zu einem Gesamtkunstwerk verband. Der Durchbruch mit diesem Konzept gelang ihnen mit der Klosterkirche Weltenburg, die sie von 1716 bis 1739 in ihrem Sinn gestalteten. Den Höhepunkt erreichte ihre Kunst in der Kirche St. Johann Nepomuk, der so genannten Asamkirche, in München. Der winzige Kirchenraum erzeugt mit architektonischer Raffinesse und optischen Täuschungen einen von unten nach oben leitenden Sog, der den Weg von der Erde in den Himmel symbolisiert.

Die Fassade seines Wohnhauses verzierte Egid Quirin Asam mit christlichen und klassischen Motiven (großes Bild). Das Haus, das direkt neben der Asamkirche in München steht, ist eingebunden in die Häuserflucht der Sendlinger Straße.

Untere Bildleiste, von links: Die Kirche St. Johann Nepomuk in München, besser bekannt als Asamkirche, ist trotz ihrer geringen Größe ein einmaliges architektonisches Gesamt-

kunstwerk des Barock. Die Brüder errichteten sie 1733 bis 1746 ursprünglich als Privatkirche. Das Innere des Gotteshauses ist reich an Stuckaturen, Decken- und Wandgemälden.

Großes Bild: Der Zwinger in Dresden, die Residenz Augusts des Starken, von Matthäus Daniel Pöppelmann 1710–1733 erbaut, ist das wichtigste barocke Wahrzeichen der Elbmetropole. Den Figurenschmuck schuf Balthasar Permoser.

Kleines Bild unten: Schloss Moritzburg geht auf Herzog Moritz von Sachsen zurück, der die Anlage 1542–1546 als Jagdschloss errichten ließ. Ab 1723 baute Matthäus Daniel

Pöppelmann die Gebäude im Auftrag Augusts des Starken im barocken Stil um. Bild rechts: Das Reiterstandbild Augusts des Starken in Dresden-Neustadt.

August der Starke (1670–1733) war Kurfürst von Sachsen und König in Polen. Für uns ist er heute aber vor allem der Mann, der Dresden zu einer der Hauptstädte des deutschen Barocks machte.

August der Starke war eine schillernde Figur, von eindrucksvoller Gestalt (man erzählte sich, dass er mit bloßen Händen ein Hufeisen zerbrechen könne), kunstsinnig, lebenslustig und stets mit zahlreichen Mätressen versehen; außerdem politisch ehrgeizig, wenn auch mit wechselhafter Fortüne. 1694 wurde er nach dem plötzlichen Tod seines älteren Bruders völlig überraschend Kurfürst von Sachsen, 1697 durch geschickte Machtspiele und massive Bestechung zudem (als August II.) Wahlkönig von Polen – ein Amt, das er 1704 im Nordischen Krieg verlor, 1709 aber wiedergewann. Als Regierungsstil pflegte August eine Art »Absolutismus light«, wie man heute sagen würde. Er zeigte sich zwar inspiriert vom berühmten französischen Sonnenkönig Ludwig XIV., doch sein Hofstaat blieb bei aller Pracht eine Nummer kleiner und seine Politik eine Spur weniger totalitär. Ein »Geheimes Kabinett« bildete die zentrale Machtbasis. Besonders in Polen gestaltete sich das Regieren aber schwierig und erforderte fast permanente Militäreinsätze: August hatte im Nachbarland keinen rechten Halt in der Bevölkerung und in Adelskreisen. Seine Regierung beruhte auf schwierigen verfassungsrechtlichen Grundlagen, er erzielte in Polen daher wenig Einkünfte und wurde vom nationalen Kleinadel mehr oder weniger als Besatzer empfunden. Umso mehr konzentrierte er sich darauf, Dresden als prunkvolle barocke Metropole auszubauen. Die dortigen Bauten und Kunstschätze sind zweifellos sein größtes Vermächtnis.

Die schönste Stadtansicht Dresdens genießt man von der Elbe aus. Ausflugsdampfer ankern vor der Brühlschen Terrasse, dahinter reihen sich Kunstakademie, Hofkirche und im Hintergrund die Semperoper aneinander (großes Bild).

Kleines Bild unten: Der Blick über die Elbe von Norden aus zeigt die Brühlsche Terrasse von der anderen Seite. Dahinter überstrahlt die wieder aufgebaute Frauenkirche die

Stadtsilhouette. Das kriegszerstörte Bauwerk wurde mithilfe von Bürgerspenden mit riesigem Aufwand wieder instand gesetzt und am 30. Oktober 2005 geweiht.

Zu Füßen des Bach-Denkmals vor der Thomaskirche in Leipzig ehren vier Musiker in einem Freiluftkonzert Johann Sebastian Bach, der hier von 1723 bis zu seinem Tod 1750 als Kantor wirkte (großes Bild).

Obere Bildleiste, von links: Ein Kranz auf der Grabstätte Johann Sebastian Bachs in der Thomaskirche erinnerte im Jahr 2000 an den 250. Todestag des großen Komponisten.

Johann Sebastian Bach

Die Nikolaikirche gehörte zu den vier Hauptkirchen Leipzigs, für die Bach als Kantor zuständig war. Bild rechts: Bach-Porträt (1746) von Elias Gottlob Haußmann.

Musiker auf der ganzen Welt sind sich fast immer einig: Wenn man einen einzelnen Komponisten nennen müsste, der mehr als alle anderen die Musik seiner Zeit befruchtet, ihre Grenzen ausgelotet und die nach ihm Kommenden beeinflusst hat, dann war es Johann Sebastian Bach (1685–1750).

Im Kontrast zu seiner universellen Wirkung steht die Tatsache, dass sich fast sein gesamtes Leben in einem überschaubaren Radius in Thüringen, Sachsen und Anhalt abgespielt hat. Noch mehr mag vielleicht überraschen, dass er zu Lebzeiten vor allem als Organist und Cembalovirtuose berühmt war, als Komponist aber im Schatten seiner Zeitgenossen Händel und Telemann stand. Geboren und aufgewachsen in Eisenach, kam Johann Sebastian Bach durch einen Verwandten, der Organist war, schon früh mit Kirchen- und Orgelmusik in Kontakt. Als er neun Jahre alt war, starben innerhalb eines dreiviertel Jahres seine Mutter und sein Vater, und er zog zu seinem älteren Bruder Johann Christoph, von dem er Orgelspielen und Komponieren lernte. Außerdem arbeitete er bereits als Chorsänger. Nach Stationen als Organist in Arnstadt und Mühlhausen wurde er erst Hoforganist und dann Konzertmeister in Weimar, schließlich Hofkapellmeister bei Fürst Leopold von Anhalt-Köthen. 1723 schließlich gelang es ihm, nach zwei Anläufen und der Absage zweier vor ihm platzierter Bewerber die gut dotierte Stelle des Thomaskantors in Leipzig zu erlangen. Dennoch geriet er immer wieder in Streit mit seinen Vorgesetzten. Bachs Wunsch, eine ihm adäquate Stelle an einem großen Fürstenhof einzunehmen, ging nicht mehr in Erfüllung. Er starb 1750 in Leipzig. Von seinen 20 Kindern wurden vier Söhne ebenfalls berühmte Komponisten.

Die Skulpturen von Ernst Barlach überzeugen durch ihre einfache und kraftvolle Form, die auf eine eindrucksvolle Weise Individuelles und allgemein Menschliches miteinander verbindet (großes Bild).

Rechte Bildleiste, von oben: Der »Schwebende« im Güstrower Dom. In Barlachs Sterbeort Güstrow befindet sich zudem ein gut ausgestattetes Barlach-Museum. Ein Ehrenmal von

1929 zum Gedenken an den Ersten Weltkrieg steht im Magdeburger Dom. Bild rechts: Ernst Barlach 1937, ein Jahr vor seinem Tod, in einem Gemälde von Leo von König.

Ernst Barlach

Viele Bezeichnungen treffen auf Ernst Barlach (1870–1938) zu – Expressionist, Realist, Mystiker, Bildhauer, Keramiker, Schriftsteller – und doch fasst ihn keine ganz. Der größte deutsche Bildhauer des 20. Jahrhunderts ist so einfach und zugleich so komplex wie seine Werke selbst.

Geboren in Wedel bei Hamburg, zeigte sich Barlachs Begabung schon früh. Er studierte auf der Kunstgewerbeschule in Hamburg, an der Akademie der Bildenden Künste in Dresden und in Paris. Ab 1897 folgten einige Jahre des Hin und Her zwischen Hamburg und Berlin, in denen er zwar erste Erfolge feierte, aber dennoch nicht recht Fuß fassen konnte. In einer krisenhaften Zuspitzung dieser Situation unternahm Ernst Barlach 1906 eine Russlandreise zu seinem Bruder Hans, der dort als Ingenieur arbeitete. Die Reise veränderte ihn zutiefst. Von den in Russland gesammelten Skizzen und Eindrücken zehrte er in seinem ganzen späteren Leben. Nach dem Krieg verbreitete sich Barlachs Ruf zunehmend. Besonders für öffentliche Ehrenmäler und Gedenkstätten erhielt er zahlreiche Aufträge, aus denen Werke wie die »Schmerzensmutter« in Kiel oder der »Schwebende« in Güstrow hervorgingen. Doch schon bald – noch vor 1933 – hatte er unter zunehmenden Anfeindungen nationalistischer Kreise zu leiden, die seinen schlichten, mythisch-religiösen Stil und seine existenzialistischen Sujets als Provokation auffassten. So wurde Barlach nach der Machtergreifung der Nationalsozialisten massiv verfemt. Im Jahr 1934 entfernten sie das Magdeburger Ehrenmal, 1937 jenes in Güstrow, 1938 eines in Hamburg. Bei der Aktion »Entartete Kunst« wurden seine Werke beschlagnahmt. Am 24. Oktober 1938 starb Ernst Barlach an einem Herzinfarkt.

Georg Baselitz im Jahr 1999 im Stedelijk Museum in Amsterdam vor einem seiner Bilder mit Motivumkehr (großes Bild). Baselitz gehört heute zu den renommiertesten und »teuersten« Malern unserer Zeit.

Kleines Bild oben: Georg Baselitz lebte bis 2005 auf Schloss Derneburg, südöstlich von Hildesheim. Inzwischen ist das historische Gebäude mit dem angrenzenden 6,5 Hektar

großen Anwesen an einen neuen Besitzer verkauft. Baselitz hatte von 1975 an 30 Jahre lang auf dem herrlichen Gut gewohnt und gearbeitet.

Deutschbaselitz – so hieß das Dorf in der Oberlausitz, in dem am 23. Januar 1938 ein Junge namens Hans-Georg Kern geboren wurde. Mit 23 Jahren gab er sich in Anlehnung an seinen Geburtsort den Namen, mit dem er als Maler weltberühmt werden sollte: Georg Baselitz.

Seine Individualität, das Aufbegehren gegen bewährte Regeln, mit dem er später immer wieder Anstoß erregte, zeigte sich schon an der Ostberliner Hochschule für Bildende Künste, an der er ab 1956 studierte: Bereits nach einem Jahr wurde er von dem Institut verwiesen. Er wechselte nach Westberlin, beschäftigte sich mit der Avantgarde und begann den groben und kraftvollen Malstil zu entwickeln, der sein Werk prägt. Doch auch im Westen eckte Baselitz an: Bei seiner ersten großen Ausstellung 1963 wurden zwei Bilder, »Der nackte Mann« und »Große Nacht im Eimer«, als obszön eingestuft und beschlagnahmt.

Immer intensiver experimentierte er mit der Auflösung der formalen Regeln. Er malte nun grafischer und großflächiger, zerriss oder zerschnitt die Leinwand und setzte sie neu zusammen. Diese Versuche führten ihn 1969 zur »Motivumkehr«, der Entscheidung, Bilder auf den Kopf gestellt zu malen. Die Irritation des »normalen« Sehens sollte die reine Malerei betonen, die Auseinandersetzung mit Farbe und Fläche. 1970 zeigte er in einer Ausstellung in Köln zum ersten Mal nur Bilder mit Motivumkehr. Sie machten ihn international berühmt. 1995 erfolgte der Ritterschlag zum weltweit anerkannten Künstler, als ihn das Guggenheim Museum in New York mit einer großen Werkschau ehrte. Berühmt wurde sein Bild »Adler Partitur 3«, weil es Kanzler Gerhard Schröder während seiner Amtszeit in seinem Büro aufhängen ließ.

Andy Warhols berühmtes Beethoven-Bild (1987) im Stil der Pop-Art reflektiert das Spannungsverhältnis zwischen seriöser Verehrung und kommerzieller Ausnutzung des Kultes um den großen Komponisten (großes Bild).

Bild rechts: Vor der Beethovenhalle in Bonn ehrt die Stadt ihren größten Sohn mit einer Porträtskulptur, die der Düsseldorfer Künstler Klaus Kammerichs 1986 schuf.

Ludwig van Beethoven

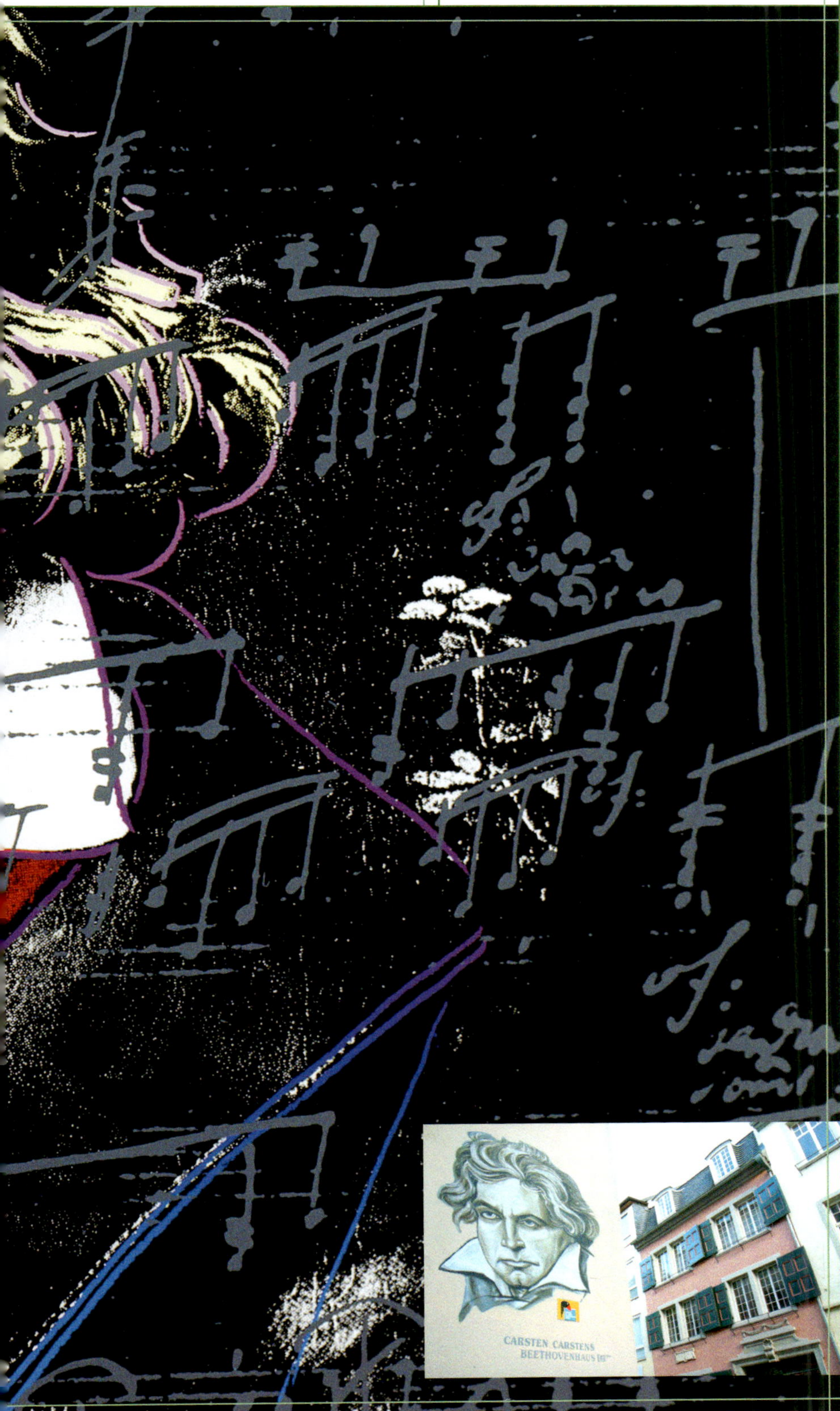

Ludwig van Beethoven (1770–1827) gilt vielen neben Johann Sebastian Bach als größter deutscher Komponist. Er lebte in einer turbulenten Zeit heftiger politischer und sozialer Veränderungen, die von der Französischen Revolution zur Restauration bis zu einer Ahnung der Moderne reichte – all das findet sich in seiner Musik.

Beethoven vollendete die Musik der Klassik und stieß das Tor zur Romantik auf. Sein Leben ist in erster Linie mit zwei Städten verknüpft: Bonn, wo er aufwuchs und eine erste Stellung als Hoforganist inne hatte, und Wien, wo er berühmt wurde und den größten Teil seines Lebens verbrachte. Ludwig van Beethoven stammte aus einer Musikerfamilie: Der Großvater war Hofkapellmeister gewesen, der Vater Tenor. Sein Vater war es auch, der ihn von klein an zum Üben zwang und sogar vorzeitig aus der Schule nahm, damit sich der talentierte Jüngling ganz auf die Musik konzentrieren konnte. Seine Begabung wurde bald von mehreren Förderern erkannt und ausgebildet. Bereits mit 14 Jahren erhielt Beethoven eine feste Anstellung als Hoforganist. Der wesentliche Teil seines Lebens aber spielte sich in Wien ab, wohin er 1793, zunächst nur für eine Studienreise, umsiedelte. Als Pianist und Komponist, der Werke von bis dahin unerreichter Dramatik, Tiefe und Kühnheit schuf, feierte er glänzende Erfolge. Später musste Beethoven sich wegen zunehmender Taubheit, die wohl die Folge einer nicht behandelten Mittelohrentzündung in der Kindheit war, auf das Komponieren beschränken. Vor allem seine Symphonien und Kammermusikwerke galten in der Folgezeit als so perfekt, dass später Meister wie Johannes Brahms lange Zeit brauchten, um aus dem Schatten ihres großen Vorgängers herauszutreten.

Großes Bild: Das Geburtshaus Beethovens in Bonn ist heute ein Museum und beherbergt die größte Beethoven-Sammlung weltweit. Eindrucksvolle authentische Dokumente veranschaulichen das Leben und Schaffen des Musikers.

Kleines Bild unten: Die Nachbildung des ursprünglich auf dem Währinger Ostfriedhofs stehenden Grabmals Beethoven kann man auf dem Wiener Zentralfriedhof besichtigen.

Beethoven

Madagaskar-Ausschnitt aus »Martin Behaims Erdapfel« (großes Bild). Von 1491 bis 1493 verweilte Martin Behaim, mit Ehren und Reichtümern überhäuft, in Nürnberg und schuf dort, gemeinsam mit dem Maler Georg Albrecht Glockenthon, anhand einer vorhandenen Weltkarte den berühmten Globus, den man heute im Germanischen Nationalmuseum in Nürnberg besichtigen kann (kleines Bild).

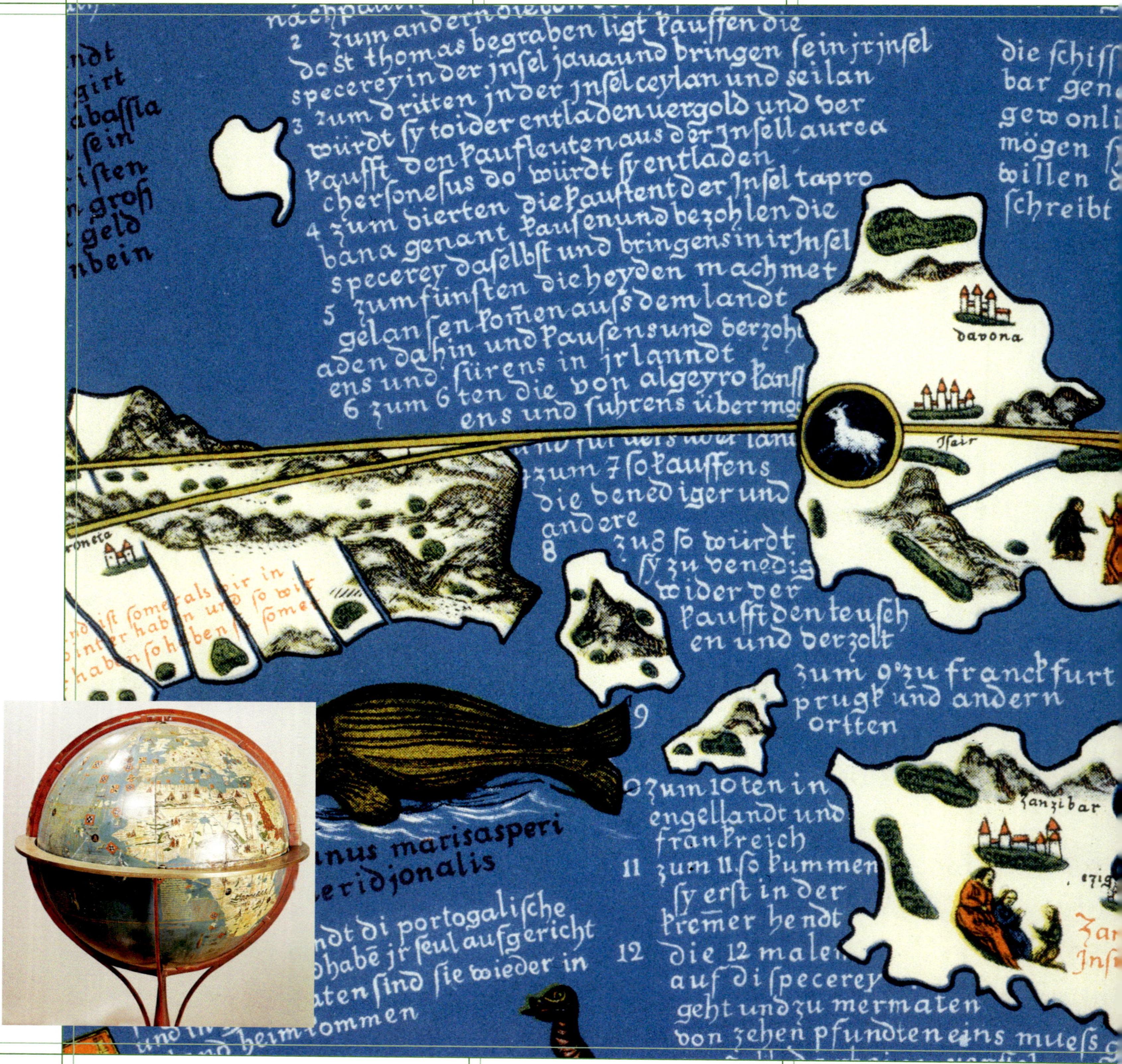

Er ist das Prunkstück des Germanischen Nationalmuseums in Nürnberg: Der Globus von Martin Behaim (1459–1507), »Martin Behaims Erdapfel« genannt, ist die älteste existierende Darstellung der Welt in Kugelgestalt. Martin Behaim war ein umtriebiger Unternehmer, der in der damaligen Zeit die Chancen zu nutzen versuchte, die sich aus den Entdeckungen der neuen Länder und Handelsrouten ergaben.

Geboren am 6. Oktober 1459 in Nürnberg, stammte Martin Behaim aus einer reichen Nürnberger Patrizierfamilie und wurde in den Niederlanden als Kaufmann und Tuchhändler ausgebildet. Über sein Leben gibt es lediglich recht lückenhafte und widersprüchliche Angaben. Er scheint eine schillernde Figur gewesen zu sein; viele der überlieferten Dokumente sind Schuldscheine oder Strafbefehle, beziehen sich auf Finanz- oder Erbstreitigkeiten. Gesichert ist, dass Martin Behaim in den Jahren zwischen 1485 und 1489 mit viel Erfolg in Portugal tätig war: Er heiratete eine portugiesische Adelige, unternahm mindestens eine Reise an die westafrikanische Küste und wurde vom portugiesischen König zum Ritter geschlagen. Lange Zeit galt er auch als Nautiker und Kartograf; die Forschung ist sich heute aber sicher, dass dies wohl zum größten Teil Legendenbildung ist. Auf jeden Fall war er auf der Höhe der Zeit, was die wissenschaftlichen Erkenntnisse angeht, und wusste den guten Ruf der Instrumente aus Nürnberg geschickt zu nutzen. Bereits um 1475 wurde ein Globus angefertigt. Dennoch war Behaims Erdapfel ein Fortschritt in der Kartografie, da man nun den kompletten Erdball vor Augen hatte. In seinen späteren Jahren muss er beim portugiesischen Hof in Ungnade gefallen sein; 1507 starb er völlig verarmt in Lissabon.

Mit seiner beschwingten, einzigartigen Architektur ist das Münchener Olympiastadion von Günter Behnisch eines der schönsten Bauwerke Deutschlands (großes Bild). Im Hintergrund: das 146 Meter hohe Bürohochhaus Uptown München.

Bildleiste unten, von links: Eines der jüngsten Projekte des Architekten ist der Neubau der Akademie der Künste am Pariser Platz in Berlin. Die Glasfassade umschließt die Reste

Günter Behnisch

des historischen Gebäudes und lässt diese nach außen sichtbar werden. Im Inneren herrscht eine Atmosphäre des Gedankenaustauschs und der Kreativität.

Günter Behnisch (geboren 1922) ist einer der renommiertesten deutschen Architekten. Berühmt wurde er durch die Sportstätten für die Olympischen Sommerspiele 1972 in München. Das von einem luftigen Zeltdach überspannte Ensemble ist ein eindrucksvolles architektonisches Gesamtkunstwerk.

Günter Behnisch wurde am 12. Juni 1922 in Dresden geboren und wuchs ab 1934 in Chemnitz auf, von wo er 1939 zur Wehrmacht eingezogen wurde. Nach dem Krieg studierte er Architektur in Stuttgart und gründete dort 1952 ein Büro. Mitte der 60er-Jahre erfuhr seine Karriere die entscheidenden Schübe: 1967 wurde Behnisch Professor an der Technischen Hochschule in Darmstadt und erhielt mit seinem kühnen Entwurf den Zuschlag für das Olympia-Gelände. Viele seiner Werke zeichnen sich dadurch aus, dass sie die Situation des Gebäudes in der Landschaft und die Stimmung des Ortes entschlossen und zugleich spielerisch aufgreifen. So besticht das St.-Benno-Gymnasium in Dresden (1997) durch eine Kombination aus klaren Linien, inspirierender Farbgebung und kommunikativer Offenheit; das Lothar-Günther-Buchheim-Museum in Bernried (2000) ankert wie eine Mischung aus Dampfer und terrassierter Villa am Ufer des Starnberger Sees; und sein Um- und Neubau der Akademie der Künste am Pariser Platz in Berlin (1993–2005) schließlich ist ein lichtdurchfluteter Komplex inmitten der Stadt. Hier räumt die Architektur der Fantasie und der Kreativität wissenschaftlichen Denkens das gleiche Recht ein wie dem konzentrierten, zurückgezogenen Arbeiten. Der neue Plenarsaal des Deutschen Bundestags in Bonn – ebenfalls ein Werk Behnischs – wurde wegen des Umzugs des Bundestags nach Berlin nur kurze Zeit seiner Bestimmung gemäß benutzt.

Am 20. Mai 2005 predigte Papst Benedikt XVI. im Rahmen des Weltjugendtags auf dem Marienfeld bei Köln vor 400 000 jungen Zuhörern aus aller Welt. Es war zugleich die erste Pontifikalreise des neuen Papstes (großes Bild).

Bildleiste unten, von links: In seinem Geburtsort Marktl spielt eine Blaskapelle zu Ehren der Wahl Benedikts XVI. In München und Freising war Joseph Ratzinger Erzbischof.

Während des Weltjugendtags im Mai 2005 im Kölner Dom. Weihnachten im Vatikan, dem Sitz des Papstes. Bild rechts: Eröffnung der Bischofssynode 2005.

Benedikt XVI, bürgerlich Joseph Alois Ratzinger (geboren 1927), wurde am 19. April 2005 zum Papst gewählt. Als Präfekt der Glaubenskongregation, Kardinalsdekan und langjähriger Vertrauter von Johannes Paul II. galt Ratzinger als Favorit – seine Wahl setzte somit das geflügelte Wort außer Kraft: »Wer als Papst ins Konklave geht, kommt als Kardinal wieder heraus.«

Benedikt XVI. ist der erste deutsche Papst seit Hadrian VI. im Jahr 1523. Als akademischer Theologe als auch als Bischof und Kardinal machte Ratzinger eine bemerkenswerte, kontinuierliche Karriere, die in der Papstwahl gipfelte. Nach dem Krieg studierte er katholische Theologie und Philosophie in Freising, München und Freiburg, wurde 1953 promoviert, 1957 habilitiert und bereits ein Jahr später Professor. 1977 ernannte ihn Papst Paul VI. zum Erzbischof von München und Freising, kurze Zeit später zum Kardinal.

1981 wurde er Präfekt der Glaubenskongregation, ein Amt, das er bis zu seiner Wahl als Papst innehatte. Der Theologe galt als eher konservativer Denker, der in vielen Fragen mit seinem Vorgänger Papst Johannes Paul II. übereinstimmte. Die erste Auslandsreise des neuen Papstes führte ihn nach Deutschland zum Weltjugendtag, der im Mai 2005 unter riesiger Anteilnahme in Köln gefeiert wurde. Benedikts XVI. Geburtshaus in Marktl am Inn entwickelte sich sofort nach der Papstwahl zu einer Touristenattraktion. Auch andere Stationen seines Lebens und Wirkens können heute im Rahmen touristischer Angebote oder Pilgerreisen besichtigt werden. So kann man in München einen zweistündigen »Papst-Spaziergang« unternehmen oder in Altötting ein »Benedikt-Wochenende« buchen und die umliegenden Orte seiner Kindheit besuchen.

Ein Mercedes 680 S durchfährt die Nordschleife des Nürburgrings. Der gut erhaltene Oldtimer stammt aus der Zeit von 1927 bis 1929, der Frühzeit des Firmenzusammenschlusses unter dem Namen Daimler-Benz AG (großes Bild).

Kleines Bild oben: Carl Benz auf seinem Motorenwagen, den er 1886 patentieren ließ. Am offensichtlich fortgeschrittenen Alter des Erfinders kann man ablesen, dass die nicht

datierte Aufnahme aus der Zeit um 1920 stammen muss. Inzwischen war aus dem umtriebigen Konstrukteur ein viel geehrter und erfolgreicher Unternehmer geworden.

Als Erfinder des Automobils werden immer wieder mehrere deutsche und französische Konstrukteure bezeichnet, keiner aber kann mit mehr Recht dafür gelten als Carl Benz (1844–1929).

Carl Benz war der erste, der ein komplettes, fahrtüchtiges Motorgefährt mit leichtem Motor baute. Sein Reichspatent Nr. 37453 vom 29. Januar 1886 gilt daher als Geburtsurkunde des Automobils. Benz war ein genialer Konstrukteur, einfallsreich, ehrgeizig, zielstrebig – und zugleich konfliktfreudig. Mehrmals verließ er Firmen, die er gegründet hatte, und baute wieder etwas Neues auf. Der am 25. November 1844 in Karlsruhe geborene Benz absolvierte ein naturwissenschaftliches Gymnasium und bestand bereits mit knapp 16 Jahren die Aufnahme zur Polytechnischen Hochschule, die er nach vier Jahren 1864 abschloss. Nach mehreren kurzen Anstellungen gründete er 1871 seine erste Firma, eine Eisengießerei und mechanische Werkstätte. Finanzielle Schwierigkeiten und sein unbändiger Erfindungsgeist trieben ihn ab 1877 dazu, einen neuartigen Motor zu konstruieren, der Silvester 1879 zum ersten Mal lief. Mit neuen Geldgebern gründete er die »Gasmotorenfabrik in Mannheim«, die er jedoch 1883 schon wieder verließ, um eine neue Firma auf die Beine zu stellen, in der er einen kompletten Kraftwagen bauen wollte. 1886 erhielt er dafür das Patent. Acht Jahre später, 1894, entstand das erste Massenfabrikat, das in einer Serie von über 1200 Stück gebaut wurde. Seit 1926 firmierten die Unternehmen Benz & Cie. sowie die Daimler-Motoren-Gesellschaft des bereits 1900 verstorbenen Konstrukteurs Gottlieb Daimler gemeinsam als Daimler-Benz AG. 1929 starb Carl Benz, mit Ehrungen überhäuft, in seinem Haus in Ladenburg.

Beuys im Jahre 1982 vor den Basaltsteinen für seine Aktion »7000 Eichen« anlässlich der documenta 7 in Kassel (großes Bild). Er ließ 7000 Eichen, begleitet von je einer Basaltstele, im Stadtgebiet aufstellen.

Rechte Bildleiste, von oben: »Das Ende des 20. Jahrhunderts«, Pinakothek der Moderne, München. Beuys vor seinem Werk »Vor dem Aufbruch aus dem Lager 1«, Ausstellung

Joseph Beuys

»Mythos und Realität«, Kunsthaus Zürich 1981. »Tisch mit Aggregat« im Abgeordneten-Foyer des Reichstages, Berlin. Schloss Moyland (bei Kalkar) beherbergt das Joseph-Beuys-Archiv.

Joseph Beuys (1921–1986) war einer der bedeutendsten deutschen Künstler in der zweiten Hälfte des 20. Jahrhunderts. Sein Name steht für das Aufbrechen traditioneller Ordnungen innerhalb der Kunst, für »Aktionskunst«, »soziale Plastik« und einen erweiterten Kunstbegriff.

Radikal begriff Beuys die Kunst als Möglichkeit, das Menschsein auf allen Ebenen zu verwirklichen. Früher als die meisten anderen versuchte er den Begriff der »Ganzheitlichkeit« mit Leben zu füllen. Nach dem Krieg hatte er noch eine traditionelle Laufbahn als Steinmetz und Bildhauer begonnen und die Kunstakademie als Meisterschüler abgeschlossen. 1957/1958 geriet er in eine Schaffenskrise, in deren Folge Beuys Arbeitsweise und Kunstbegriff radikal veränderte. Eine Wendung nahm seine Arbeit Ende der 50er-Jahre, Anfang der 60er-Jahre. Er verwendete – was eine Art Markenzeichen seiner Kunst wurde – biologische Materialien wie Filz, Fett und Honig. Er beteiligte sich an der Fluxus-Bewegung der 60er-Jahre mit ihren »komponierten« Happenings, betonte das Organische und Prozesshafte gegenüber dem Geordneten und Starren. Gleichzeitig engagierte er sich zunehmend auch in der Politik. Durch Aktionen wie die »Organisation der Nichtwähler« (1970), das Informationsbüro der »Organisation für Direkte Demokratie durch Volksabstimmung« auf der documenta 5 (1972) oder die Gründung einer »Freien internationalen Hochschule für Kreativität und interdisziplinäre Forschung« füllte er den Begriff der sozialen Plastik mit Leben. 1980 kandidierte Beuys für die Grünen als Landtagsabgeordneter in Nordrhein-Westfalen. Allgemeingut wurde sein Schlagwort: »Jeder Mensch ist ein Künstler.« Am 23. Januar 1986 starb Joseph Beuys an Herzversagen.

Bismarck-Denkmal vor der Siegessäule in Berlin, die an den Sieg im Deutsch-Französischen Krieg erinnert (großes Bild). Bismarck nutzte diesen Erfolg, um die Gründung des Deutschen Reiches unter preußischer Führung zu erreichen.

Rechte Bildleiste, von oben: Die Proklamation des Deutschen Kaiserreiches 1871 in Versailles auf einem 1885 geschaffenen Gemälde von Anton von Werner. Ein wenig

Otto von Bismarck

preußischer Bismarck auf einem Gemälde Franz von Lenbachs. Das Bismarck-Denkmal am Charlottenburger Schloss in Berlin. Bild rechts: Bismarck-Bildnis von 1871.

Bis heute gehen die Meinungen über Otto von Bismarcks (1815–1898) Lebensleistung weit auseinander: Die einen erkennen den erfolgreichen Politiker, den Eisernen Kaiser und den Vater der Sozialgesetze. Andere dagegen sehen in ihm den Machtmenschen und Militaristen und damit einen der Initiatoren einer Entwicklung, die Deutschland im 20. Jahrhundert zwei Weltkriege vom Zaun brechen ließ.

Otto von Bismarck stammte aus altem Adel. Er kam am 1. April 1815 auf dem Familiensitz Gut Schönhausen in der Altmark zur Welt, studierte in Göttingen, arbeitete kurz als Beamter und kümmerte sich um die Familiengüter, bis er Ende der 1840er-Jahre eine politische Karriere begann. Zunächst als Abgeordneter des Preußischen Landtages, ab 1851 als preußischer Gesandter beim Bundestag in Frankfurt, vertrat er eine strikt monarchistische, antidemokratische und preußisch-nationalistische Linie. 1862 wurde Bismarck preußischer Ministerpräsident und Außenminister und führte durch mehrere Kriege, zuletzt den Deutsch-Französischen Krieg von 1870/1871, die Gründung eines einheitlichen Deutschen Reiches unter der Führung Preußens herbei. Die Reichsverfassung, in der Bismarck nur dem Kaiser Rechenschaft schuldig war, gab ihm innenpolitisch freie Hand für seinen Kampf gegen Sozialisten, Liberale und Katholiken. Zugleich initiierte er die Gesetze zur Sozialversicherung, mit denen er den linken Gruppierungen den Wind aus den Segeln nahm. Der zudem außenpolitisch außerordentlich geschickte Bündnispolitiker und Einiger Deutschlands wurde 1890 vom jungen und allzu ehrgeizigen Kaiser Wilhelm II. entlassen. Bismarck starb am 30. Juli 1898 in Friedrichsruh. Er wurde in einem Mausoleum in Friedrichsruh neben seiner Frau begraben.

Das im westfälischen Tecklenburger Land gelegene Haus Mark, ein Wasserschloss aus dem 16. Jahrhundert, ist das Geburtshaus des Theologen Friedrich von Bodelschwingh und kann besichtigt werden (großes Bild).

Kleines Bild oben: Diakonissen beim Morgengebet in der Sarepta-Kapelle auf dem Gelände der v. Bodelschwingh'schen Anstalten Bethel.

Friedrich von Bodelschwingh (1831–1910) ist der Gründer der »v. Bodelschwingh'schen Anstalten Bethel« in Bielefeld. Das Wort Bethel stammt aus dem Hebräischen und bedeutet »Haus Gottes«. Bodelschwinghs Geist und seine Leistung sind heute noch auf Schritt und Tritt spürbar.

Seine christliche und humanitäre Vision bestand darin, denen eine Heimat zu bieten, »die sonst niemand gern beherbergt«. Die Keimzelle war eine 1867 gegründete Anstalt für Epilepsiekranke, deren Leitung Bodelschwingh 1872 übernahm und bis zu seinem Tod 1910 mit rastloser Energie ausbaute; dabei war er nie um Einfälle verlegen, Spenden zu akquirieren und mit Politikern, Kommunen, Firmen oder anderen Einrichtungen karitative Bündnisse zu schmieden. Friedrich von Bodelschwingh, geboren am 6. März 1831 in Tecklenburg, stammte aus einer alten westfälischen Adelsfamilie und hatte zunächst als Landwirtschaftsinspektor gearbeitet, ehe er durch ein Offenbarungserlebnis bekehrt wurde und beschlossen hatte, Missionar zu werden. Bethel ist heute die größte diakonische Einrichtung Europas. Rund 11 000 Mitarbeiter betreuen etwa 14 000 Menschen in Kliniken, Heimen, Kindergärten, Schulen, Werkstätten und Wohneinrichtungen. 2006 wird der 175. Geburtstag Bodelschwinghs mit zahlreichen Veranstaltungen begangen. Es ist eine gute Gelegenheit, auf den Spuren des visionären Pastors zu wandeln und sich anzuschauen, wie seine Vision Wirklichkeit geworden ist. Während des Dritten Reiches schützte Junior Bodelschwingh, der die v. Bodelschwingh'schen Anstalten nach dem Tod seines Vaters erfolgreich fortgeführt hatte, die Anstalten und seine Patienten erfolgreich vor der Euthanasie.

Heinrich Böll beim Flanieren in Köln (großes Bild). Das Foto entstand 1975, ein Jahr nach Erscheinen seines berühmtesten Buches, »Die verlorene Ehre der Katharina Blum«, in dem er den Boulevard-Journalismus angriff.

Untere Bildleiste, von links: Böll und Helmut Griem, Hauptdarsteller in der Romanverfilmung »Ansichten eines Clowns«, am Rande der Dreharbeiten am 19. Mai 1975.

HEINRICH BÖLL

Heinrich Böll beherbergte den russischen Schriftsteller und Nobelpreisträger Alexander Solschenizyn nach dessen Ausweisung aus der Sowjetunion 1974 in Langenbroich.

Heinrich Böll (1917–1985), der erste deutsche Literaturnobelpreisträger nach dem Krieg, war erstens Schriftsteller, zweitens Kölner, drittens Katholik und viertens Kriegsteilnehmer. Zwischen diesen Fixpunkten verlief sein Leben, das stets eng mit dem Rheinland verknüpft blieb.

Sein Denken war von einem zutiefst christlichen Humanismus, einem kritischen Blick auf die Gesellschaft und einem durch den Krieg entstandenen Pazifismus beseelt. Es bestimmte auch sein politisches Engagement, das ihn in den 80er-Jahren zu einer prominenten Figur der Friedensbewegung werden ließ. In seinen Werken verband er dies alles, und er benutzte seine Kunst immer wieder dazu, um Missstände in der Gesellschaft anzuprangern. Bölls schöpferischste Phase als Schriftsteller hatte er in den 50er- und 60er-Jahren, als er zeitweise der Künstlervereinigung »Gruppe 47« zugerechnet wurde. In den 70er-Jahren trat sein gesellschaftliches Engagement dann immer stärker hervor. 1974 erschien sein wohl bekanntestes Werk, die Erzählung »Die verlorene Ehre der Katharina Blum«, die das Schicksal einer von einem Boulevardblatt verleumdeten Frau schildert. Durch seinen unbeirrbaren Einsatz wurde er zu einer Art moralischer Instanz der Bundesrepublik, vor allem auch deshalb, weil er sich – anders als viele andere Linke in dieser Zeit – nicht blind gegenüber dem Unrecht in den Ostblockstaaten zeigte. So setzte er sich für verfolgte Autoren wie Alexander Solschenizyn und Lew Kopelew ein und gewährte ihnen nach ihrer Ausweisung aus der Sowjetunion Gastfreundschaft in seinem Haus in Langenbroich in der Eifel. Dort starb Heinrich Böll am 16. Juli 1985. Sein letzter Roman »Frauen vor Flusslandschaft« erschien posthum im Herbst seines Todesjahres.

Der frühere Hamburger Bürgermeister und Neffe von Dietrich Bonhoeffer, Klaus von Dohnanyi, gedenkt am 4. Februar 2006 in Berlin mit einer Kranzniederlegung des 100. Geburtstags seines Onkels (großes Bild).

Kleines Bild unten: Eine Büste von Dietrich Bonhoeffer in der Gedenkstätte des Konzentrationslagers Flossenbürg. Nach dem gescheiterten Attentat auf Hitler am 20. Juli 1944

wurde der Theologe dort wenige Wochen vor der Befreiung durch die Alliierten am 9. April 1945 von den Nationalsozialisten wegen seines Widerstands gegen das Regime ermordet.

Dietrich Bonhoeffer (1906–1945) war eine Hauptfigur der Bekennenden Kirche, des evangelischen Widerstands gegen die Nationalsozialisten, seine Ermordung steht stellvertretend für die blindwütige Brutalität des Regimes: Er wurde noch am 9. April 1945, als der Krieg längst verloren war, im KZ Flossenbürg gemeinsam mit anderen Regimegegnern von der SS hingerichtet.

Bonhoeffer stammte aus einer großbürgerlich-intellektuellen Familie. Der Vater war ein anerkannter Neurologe und Psychiater und wurde 1911 Professor in Berlin, die Mutter unterrichtete die acht Kinder der Familie zu Hause. Dietrich Bonhoeffer studierte evangelische Theologie in Tübingen und machte eine steile akademische Karriere: mit 21 Jahren Promotion mit »summa cum laude«, ein Jahr als Vikar in Spanien, dann als Assistent an die Berliner Universität, nach nur zwei Jahren die Habilitation und bereits 1931, im Alter von 25 Jahren, die Ordination. Zu den Nationalsozialisten stand er von Anfang an in Gegnerschaft. Bereits am 1. Februar 1933, zwei Tage nach Hitlers Ernennung zum Reichskanzler, wurde ein Rundfunkvortrag Bonhoeffers über den »Führerbegriff« abgebrochen, weil er darin die neuen Herrscher kritisiert hatte. Als die Kriegsvorbereitungen des Dritten Reiches immer offensichtlicher wurden, suchte er gezielt den Kontakt zu anderen Widerständlern, unter anderem zu den Männern des 20. Juli 1944 – wobei er sich intensiv mit dem moralischen Dilemma des Tyrannenmordes auseinandersetzte. Er geriet zunehmend ins Visier der Gestapo und wurde 1944 festgenommen. Nach dem Attentat Stauffenbergs auf Hitler brachte man Bonhoeffer im April 1945 nach Flossenbürg, um ihn dort – kurz vor der Befreiung des KZs – hinzurichten.

Die Marmorplastik, die Max Klinger 1909 von Johannes Brahms anfertigte, thront in der Mitte des »Brahms-Foyers« in der Hamburger Laeiszhalle, besser bekannt als Musikhalle (großes Bild).

Rechte Bildleiste, von oben: Das Brahms-Museum in der Peterstraße 39 in Hamburg, nahe dem Ort, an dem sein Geburtshaus stand. Bahms' Flügel im Schloss von Detmold.

Johannes Brahms

Handbibliothek von Brahms, ein Vermächtnis des Komponisten an die Gesellschaft der Musikfreunde in Wien. Brahms' Grab auf dem Wiener Zentralfriedhof. Rechts: Foto von 1883.

»Das ist der Erbe Beethovens!«, soll der Wiener Konzertmeister Joseph Hellmesberger begeistert gerufen haben, als er 1862 gemeinsam mit Brahms dessen Klavierquartett in g-Moll aufführte. Johannes Brahms (1833–1897) war diese Art Heiligsprechung eher lästig, auch wenn er durchaus ehrgeizig war und auch über ein gesundes Selbstbewusstsein verfügte.

Der in Hamburg als Sohn eines Bassisten geborene Brahms zeigte schon als Kind überragendes Talent zum Klavierspielen und als Jugendlicher auch zum Komponieren. Bereits mit 20 Jahren gelang ihm der Durchbruch, als Robert Schumann in seiner »Neuen Zeitschrift für Musik« über das junge Talent ein enthusiastisches Porträt schrieb und sich dafür einsetzte, dass seine Werke gedruckt wurden. Zu Schumanns Frau Clara, die selbst eine hoch begabte Pianistin und Komponistin war, entwickelte er eine lebenslange Freundschaft, die sich kurzzeitig sogar zu einer Phase stürmischer Liebe emporschwang. Da es ihm in Hamburg nicht gelang, Leiter der Philharmonie zu werden, verlegte er seinen Lebensmittelpunkt nach Wien, wo er sich 1862 erstmals für längere Zeit aufgehalten hatte. Brahms führte die konservative, auf Beethovens Erbe begründete Komponiertradition fort und begab sich so – eher unfreiwillig – in einen Gegensatz zur Neudeutschen Schule um Franz Liszt und Richard Wagner. Seiner selbstkritischen Prüfung hielten viele eigene Kompositionen nicht stand, die er dann wieder vernichtete. Seine erste Symphonie (c-Moll op. 68) veröffentlichte er erst mit 43 Jahren, den Zeitgenossen galt sie, nach denen von Beethoven, als bedeutendste Symphonie. Seine Konzerte, Chorwerke, Lieder und Kammermusiken verbinden formale Perfektion mit tief empfundener Emotion.

Gedenkstätte Berliner Mauer (großes Bild). Als die Mauer 1961 errichtet wurde, war Willy Brandt Regierender Oberbürgermeister im Westteil der Stadt. Seine spätere Ostpolitik half die Gräben zwischen Ost und West zu überwinden.

Untere Bildleiste, von links: Brandt 1963 mit dem US-amerikanischen Präsidenten John F. Kennedy in Berlin. Ein großer historischer Moment war 1970 der Kniefall Brandts am

Denkmal für die Opfer des Warschauer Ghettoaufstandes von 1943 in Warschau. Statue im Willy-Brandt-Haus in Berlin. Bild rechts: Willy Brandt am 24. März 1987.

Mit Willy Brandt (1913–1992) verbinden sich im kollektiven Gedächtnis Schlagworte und Bilder wie etwa: »Mehr Demokratie wagen« – Berliner Bürgermeister zur Zeit des Mauerbaus – Kniefall am Mahnmal des Warschauer Ghettos. Obwohl seine Amtszeit als Kanzler nur fünf Jahre dauerte, hat er eindrücklichere Erinnerungen hinterlassen als manch anderer, länger regierende Kanzler.

Für seine von der Opposition heftig bekämfte Politik der Aussöhnung mit Polen und der Sowjetunion erhielt er 1971 den Friedensnobelpreis. Brandts Biografie ist so charakteristisch für das unruhige 20. Jahrhundert, wie sie untypisch für die Mehrzahl der Deutschen ist. Als Herbert Frahm 1913 in Lübeck geboren, war er in der Sozialistischen Arbeiterpartei aktiv und ging 1933, als diese verboten wurde, nach Norwegen, um von dort aus Widerstandszellen aufzubauen. Nach der deutschen Besatzung Norwegens floh er nach Schweden. Im Exil legte er sich den Decknamen Willy Brandt zu, den er später beibehielt. Nach dem Krieg begann seine steile politische Karriere: 1949 wurde er Bundestagsabgeordneter für die SPD, 1957 Regierender Bürgermeister von Berlin, 1966 Außenminister und Vizekanzler der Großen Koalition unter Kurt Georg Kiesinger, 1969 Bundeskanzler einer Koalition mit der FDP, die 1972 in vorgezogenen Neuwahlen bestätigt wurde. 1974 trat er aufgrund der Spionageaffäre um seinen Referenten Günther Guillaume zurück. Er blieb weiterhin politisch aktiv und bis zu seinem Tod Abgeordneter des Bundestags. Sein glaubwürdiger Einsatz für Demokratie und Versöhnung machte ihn zu einem der beliebtesten deutschen Politiker der Nachkriegszeit. Er starb am 8. Oktober 1992, zwei Jahre nach der Wiedervereinigung, in Unkel am Rhein.

Eine Aufführung des Brecht-Stückes »Mutter Courage und ihre Kinder« 2005 im Berliner Ensemble in Berlin (großes Bild). Brecht hatte das Ensemble 1949 gemeinsam mit seiner Frau Helene Weigel in Ostberlin gegründet.

Rechte Bildleiste, von oben: Ulrich Tukur 2004 als Mackie Messer in Brechts und Kurt Weills »Die Dreigroschenoper« im Hamburger St. Pauli-Theater. Berliner Ensemble und

Statue. Arbeitszimmer von Brecht in der Brecht-Weigel-Gedenkstätte in Berlin-Mitte. Gräber von Brecht und Weigel auf dem Dorotheenstädtischen Friedhof in Berlin.

Bertolt Brecht (1898–1956) gilt als einer der einflussreichsten deutschen Dramatiker der Moderne und Begründer des so genannten »epischen Theaters«. Sein abenteuerliches und unstetes Leben war typisch für das zerrissene 20. Jahrhundert und symbolisiert, wie kaum eine andere Biografie, die Teilung Deutschlands nach dem Krieg.

Geboren und aufgewachsen in einem bürgerlichen Viertel in Augsburg, studierte er nach dem Krieg, den er als Sanitäter in einem Lazarett noch kurz mitbestreiten musste, in München. Hier lernte er den Komiker Karl Valentin kennen, zu dem sich eine Freundschaft entwickelte und der ihn handwerklich stark beeinflusste. Mit dem Stück »Trommeln in der Nacht«, für das er den Kleist-Preis erhielt, hatte Brecht früh einen großen Erfolg. Zugleich begann er gezielt, Kontakte nach Berlin zu knüpfen, hielt sich häufig dort auf und wechselte 1924 ganz in die Hauptstadt. Hier arbeitete er unter anderem mit Carl Zuckmayer zusammen, vor allem aber mit dem Komponisten Kurt Weill. Ihr gemeinsames Projekt, »Die Dreigroschenoper« wurde 1928 uraufgeführt und geriet zu einem Welterfolg. Zu jener Zeit hatte er sich bereits stark zum Kommunismus bekannt, weshalb er 1933 ins Exil fliehen musste. Nachdem Brecht acht Jahre in Skandinavien verbracht hatte, fuhr er 1941 in die USA, wo er im Filmgeschäft Fuß zu fassen hoffte. Stattdessen musste er 1947 auch von dort wieder fliehen, weil er »unamerikanischer Umtriebe« verdächtigt wurde. Nach einer weiteren Odyssee über mehrere Länder fand er schließlich 1949 eine Heimat in Ostberlin, wo er bis zu seinem Tod 1956 lebte. Er leitete das »Berliner Ensemble«, das er zu einer der wichtigsten und einflussreichsten Theatertruppen Deutschlands machte.

Das Lukas-Cranach-Haus am Marktplatz in Weimar (großes Bild). In dem prächtigen zweigiebeligen Renaissancegebäude aus dem Jahr 1549 verbrachte der Maler sein letztes Lebensjahr.

Untere Bildleiste, von links: Die Malerei der Renaissance stellte den Menschen in den Mittelpunkt ihres Interesses. Auch Cranachs Bildnisse der Lukretia, des Sigmunt Kingsfelt

sowie der Venus geben Persönlichkeiten von eindringlicher Individualität wieder. Bild rechts: Lukas Cranach d. Ä. auf einem Gemälde seines Sohnes Lukas Cranach d. J.

Zwei noch größere Geister verschatten das Bild, das die Nachwelt von Lukas Cranach d. Ä. (um 1472–1553) hat: Als deutscher Maler der Renaissance stand er im Schatten Albrecht Dürers, und in Wittenberg wird er von Martin Luther überstrahlt. Dabei war er selbst eine eindrucksvolle Figur: nicht nur begnadeter Maler und Grafiker, sondern auch Druckunternehmer, Buch- und Papierhändler sowie Lokalpolitiker.

Cranach kam vermutlich 1472 als Sohn eines Malers mit dem Namen Sonder im fränkischen Kronach, das damals noch Cranach hieß, zur Welt. Dort lernte er das Malerhandwerk von seinem Vater und ging auf Wanderschaft. Er blieb eine Zeitlang in Wien, wo er sich nach seinem Heimatort nannte. 1505 holte ihn der sächsische Kurfürst Friedrich der Weise als Hofmaler nach Wittenberg – wo ihm nicht nur noch ein halbes Jahrhundert Lebenszeit beschieden sein sollte, sondern auch eine großartige Karriere. 1508 verlieh ihm der Kurfürst den Wappenbrief, und um 1512 heiratete Cranach Barbara Brengebier, die Tochter des Gothaer Bürgermeisters, mit der er fünf Kinder bekam. 1519 wurde er zum ersten Mal in den Rat der Stadt gewählt, war zeitweilig Kämmerer und für mehrere Amtsperioden Bürgermeister. 1520 erwarb er das Apothekerprivileg, das ihm das Recht gab, Kräuter, Gewürze und andere Waren zu verkaufen. Er freundete sich mit den Reformatoren Luther und Melanchthon an und war Luthers Trauzeuge. Nach dem Schmalkaldischen Krieg folgte er seinem Dienstherrn, Johann Friedrich von Sachsen, ins Exil nach Augsburg und dann nach Weimar, wo er 1553 starb. In seiner Werkstatt entstanden mehrere tausend Gemälde. Berühmt sind neben vielen Porträts und Selbstbildnissen auch die Fürstenaltäre in Torgau und Dessau.

Der Innenraum der Stadtkirche St. Marien zu Wittenberg (großes Bild). Den Altar, im Jahre 1547 geweiht und schönstes Ausstattungsstück des Gotteshauses, haben Vater und Sohn gemeinsam geschaffen.

Bilder unten: Die Bildnisse von Adam und Eva entstanden zwischen 1510 und 1520. Sie sind in der Gemäldegalerie des Kunsthistorischen Museums in Wien ausgestellt.

197
243
229
171

Das Gartenhaus der Villa Gottlieb Daimlers in Cannstadt. Dort gründete er 1882 eine Versuchswerkstatt, in der er gemeinsam mit Wilhelm Maybach an der Entwicklung eines kleinen, starken Benzinmotors arbeitete (großes Bild).

Obere Bildleiste, von links: 1885 hatte Daimler das erste Motorrad der Welt entwickelt. Obwohl sein Ehrgeiz mehr den Motoren als den Fahrzeugen galt, ließ er Maybach ab

1886 einen Motorwagen bauen, wie er hier abgebildet ist. In der Folgezeit entstanden weitere Fahrzeuge, wie das im rechten Bild, die schon über ein Lenkrad verfügten.

Gottlieb Daimler und Carl Benz sind sich nie begegnet – obwohl sie nur gut 100 Kilometer voneinander entfernt arbeiteten und beide 1886 eines der ersten Automobile konstruierten. Ihre Firmen fusionierten 1926, als Daimler (1834–1900) längst gestorben war, Carl Benz erlebte es noch.

Gottlieb Daimler wurde am 17. März 1834 in Schorndorf in Württemberg als Sohn eines Bäckermeisters geboren. Obwohl sein Vater eine Beamtenlaufbahn für ihn gewünscht hatte, entschied sich Gottlieb für eine technische Ausbildung, die er mit einem Maschinenbaustudium am Polytechnikum Stuttgart 1859 abschloss. Während Carl Benz' Ehrgeiz sich darauf richtete, ein vollständiges Auto zu bauen, war Daimler vor allem ein genialer Motorenkonstrukteur. Seine Vision war ein leichter, leistungsfähiger, universell einsetzbarer Motor, der in Landfahrzeuge ebenso eingebaut werden konnte wie in Boote oder Flugzeuge. Zudem besaß Daimler in Wilhelm Maybach einen kongenialen Mitstreiter, mit dem er sich perfekt ergänzte. Die beiden hatten sich 1865 in einem Reutlinger Waisenhaus kennengelernt, wo Daimler die Werkstatt leitete und die Vollwaise Maybach zum Technischen Zeichner ausgebildet wurde. 1872 nahm Daimler Maybach mit zur Gasmotorenfabrik Deutz, die mit Daimler als Leiter und Maybach als Konstrukteur einen raschen Aufstieg nahm. 1882 verließen beide Deutz und begannen in Cannstatt ihren eigenen Motor zu entwickeln, auf den sie im Jahr darauf das erste Patent erhielten. Die äußerst erfolgreiche Zusammenarbeit (unter anderem mit dem »Mercedes« genannten Rennwagen) hielt bis zu Daimlers Tod im Jahr 1900 – worauf Maybach seine eigene Firma gründete, mit der er ebenfalls Weltruhm erlangte.

Viele Spuren von Marlene Dietrich findet man im Filmmuseum Berlin. In ihrem Nachlass sind alle Phasen ihres Lebens vertreten: Fotografien, Kostüme, Requisiten, Briefe und Dokumente (großes Bild).

Untere Bildleiste, von links: das mit Blumen geschmückte Grab auf dem Friedhof in Berlin-Friedenau. Bronzetafel am Geburtshaus von Marlene Dietrich in Berlin-Schöneberg.

Sie war einer der ganz großen Stars des Jahrhunderts, der Inbegriff der Diva, der Leinwandgöttin, eine der meistfotografierten Frauen ihrer Zeit, dabei aber ein origineller und unabhängiger Geist: Marlene Dietrich (1901–1992).

Geboren auf der »roten Insel« in Berlin-Schöneberg, einem traditionellen Arbeiterviertel, studierte sie zunächst Geige, musste die Ausbildung aber wegen einer Sehnenscheidenentzündung abrechen und sprach stattdessen am Deutschen Theater vor, wo sie ihre erste kleine Rolle erhielt. Der Durchbruch kam 1930 mit ungeheurer Wucht: Ihre Rolle in Josef von Sternbergs »Der blaue Engel« und die unnachahmliche Art, wie sie dort »Ich bin von Kopf bis Fuß auf Liebe eingestellt« sang, machten sie schlagartig weltberühmt; und spätestens ihre Rolle in Sternbergs Marokko« hievte sie in dieselbe Liga wie Greta Garbo oder Jean Harlow. Dabei war ihr Erfolg kein Zufall; sie galt am Set als Vollprofi, als besessene Arbeiterin, die sich auch um Details kümmerte. 1933 verließ sie Deutschland und folgte Sternberg in die USA, wo sie noch mehrere Jahre mit ihm arbeitete. 1939 nahm sie die US-Staatsbürgerschaft an. Als Truppenbetreuerin versuchte sie an der Front ihren persönlichen Beitrag zu leisten, um die Nationalsozialisten zu besiegen und den Krieg zu beenden. Nach dem Krieg war sie vor allem als Chansoniere erfolgreich, und noch immer füllte sie große Hallen. Ab den 70er-Jahren beendete sie ihre Karriere; 1992 starb sie in ihrer Wohnung in Paris, die sie zuletzt kaum mehr verlassen hatte. Deutschland tat sich lange schwer mit dieser unbeugsamen Frau. Noch 1996 gab es Streit darüber, welche Straße nach Marlene Dietrich benannt werden sollte; die Arkaden am Potsdamer Platz bekamen ihren Namen.

Weder zu Lebzeiten, noch später, erlangte Annette von Droste-Hülshoff die Berühmtheit, die ihr Talent verdient hätte. Von offizieller Seite wurde sie durch die Abbildung auf dem letzten 20-DM-Schein gewürdigt (großes Bild).

»Du Vaterhaus mit deinen Thürmen, vom stillen Weiher eingewiegt, wo ich in meines Lebens Stürmen so oft erlegen und gesiegt.« Mit diesen Worten poetisierte die Dichterin

die Wasserburg Hülshoff, auf der sie 1797 geboren wurde. Im Haus Rüschhaus in Münster-Nienberg lebte Droste-Hülshoff ab 1826 (obere Bildleiste, von links).

Ihr äußeres Leben verlief ereignisarm, ja beinahe könnte man sagen: langweilig. Aber ihr inneres Erleben war dafür umso intensiver. Annette von Droste-Hülshoff (1797–1848), die größte deutsche Dichterin des 19. Jahrhunderts, führte eine Künstlerexistenz abseits der Boheme und allen Ruhms.

Aus altem westfälischem Adel stammend und auf dem Familiensitz Schloss Hülshoff im Münsterland geboren, war Annette von Droste-Hülshoff durch die Sittenstrenge des Katholizismus, die Enge des Familienlebens auf dem Schloss und die Fürsorgepflicht gegenüber der Mutter zeitlebens in das Korsett ihrer Gesellschaftsschicht eingebunden. Aber auch die Schwäche der eigenen Gesundheit, vielleicht die Folge ihrer zu frühen Geburt, erschwerte ihr das Leben. Ihre Ausbildung erhielt sie, wie damals üblich, bei einem Hauslehrer. Dabei entdeckte sie schon früh ihre Begabung für das Schreiben. 1826 zog sie nach dem Tod des Vaters mit Mutter und Schwester in das Rüschhaus in Nienberge bei Münster (heute Museum). Hier entstanden die meisten ihrer Werke, so der Gedichtzyklus »Das geistige Jahr«. Doch erst 1838 gelang es ihr, mit Unterstützung von Freunden, erste Gedichte auch zu veröffentlichen. 1842 erschien ihr bekanntestes Werk, die Novelle »Die Judenbuche«, eine tiefgründig-moralische Kriminalgeschichte mit gesellschaftskritischem Unterton. Ab 1841 verbrachte sie einen Großteil ihrer Zeit bei ihrem Schwager in Meersburg am Bodensee, wo sie 1843 ein Häuschen kaufte. Hier starb sie auch im Mai 1848. Ihre Dichtung, obwohl zur Zeit der Restauration entstanden, wurzelt eher in der Romantik, jedoch ohne deren Ungestüm und Ironie. Zugleich weist sie schon voraus in die Moderne und in den Symbolismus.

Malerische Aussichten: Schloss Meersburg mit Blick auf den Bodensee (großes Bild). Annette von Droste-Hülshoff verbrachte hier drei längere Aufenthalte bei ihrem Schwager Freiherr Joseph von Laßberg, der die Burg 1838 erwarb.

Meersburg und der Bodensee wurden der Dichterin zur zweiten Heimat. Das kleine Bild unten zeigt das Zimmer, in dem sie am 24. Mai 1848 starb.

Längst ist der Name Duden zu einer Marke geworden, unter der keineswegs nur die Rechtschreibregeln erscheinen, sondern eine Vielzahl von Werken zur Grammatik, Stilkunde, Wortherkunft und vieles mehr (großes Bild).

Kleines Bild, unten: Seit 1880 erscheint der Duden, der inzwischen weit über 20 Mal neu aufgelegt wurde. Stand der Name noch bis vor einigen Jahren für vollkommene Verläss-

lichkeit, so hat sein Ruf im Zusammenhang mit der wenig beliebten Rechtschreibreform in den letzten Jahren etwas gelitten. Bild rechts: Duden-Denkmal in Bad Hersfeld.

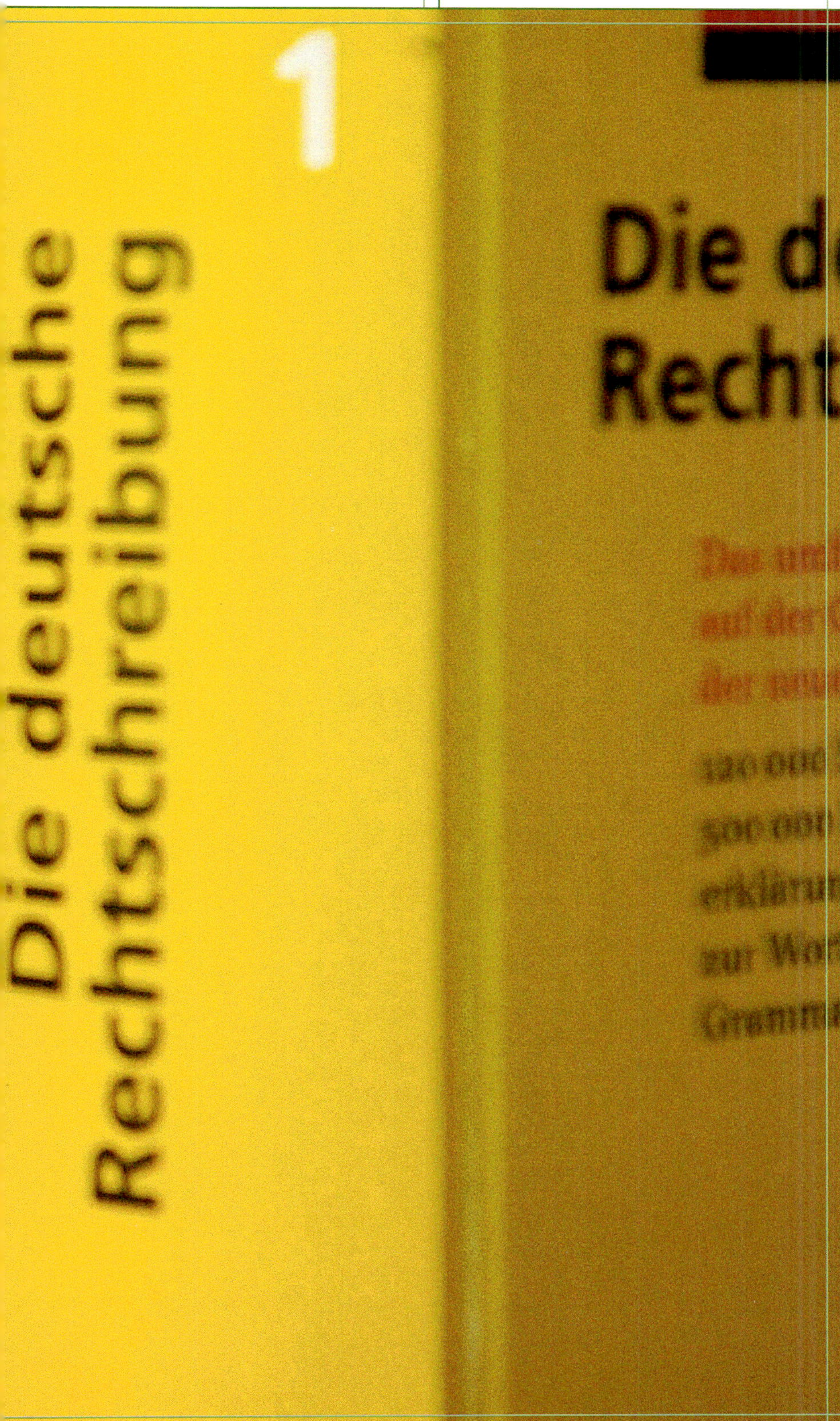

»Sein deutscher Stil ist korrekt und zeugt von Nachdenken« stand 1846 als Anmerkung unter dem Abituraufsatz von Konrad Duden (1829–1911). Als wie wahr sich dieser Satz später erweisen sollte, und noch mehr, dass der Name Duden einmal zu einem allgemein gebräuchlichen Begriff werden sollte – das hätten sich wohl weder der Lehrer noch der Schüler träumen lassen.

Konrad Dudens Streben nach einer systematischen und einheitlichen deutschen Rechtschreibung traf auf ein tiefes Bedürfnis seiner Zeit. Die politische Einheit Deutschlands war im Revolutionsjahr 1848, als der junge Student Duden sich an Demonstrationen und Versammlungen beteiligte, noch eine kühne Forderung. Noch gab es eben nicht nur die Kleinstaaterei, sondern auch regional unterschiedliche Währungen, Maße und Gewichte – und nicht selten auch Schreibweisen. Duden war auf dem Gut Bossigt bei Wesel am Niederrhein als zweites von insgesamt acht Kindern geboren worden, wuchs in Wesel, Dinslaken und Essen auf und studierte in Bonn ab 1846 Germanistik, Altphilologie, Philosophie und Geschichte. 1854 promovierte er in Marburg. Nach einigen Jahren, die er als Hauslehrer in Genua in Italien verbracht hatte, wurde er Gymnasiallehrer in Soest, später Direktor eines Gymnasiums in Schleiz und 1876 in Bad Hersfeld. Hier vollendete er sein Hauptwerk, das 1880 erschien und ihn berühmt machte: »Vollständiges orthographisches Wörterbuch der deutschen Sprache«. Erst über 20 Jahre später, 1902, wurden seine Regeln als für das Deutsche Reich verbindlich erklärt. Österreich-Ungarn und die Schweiz folgten kurze Zeit später. Konrad Duden starb 1911 in Wiesbaden und wurde in dem Familiengrab in Bad Hersfeld beigesetzt.

Mit einer bis dahin unbekannten Detailtreue beobachtete und zeichnete Albrecht Dürer die Natur. Der »Kopf eines Walrosses« entstand 1521 und befindet sich heute im British Museum in London (großes Bild).

Rechte Bildleiste, von oben: Außenansicht sowie das »Wanderer«-Zimmer des Albrecht-Dürer-Hauses in Nürnberg. Das viergeschossige Fachwerkgebäude wurde um 1420 errich-

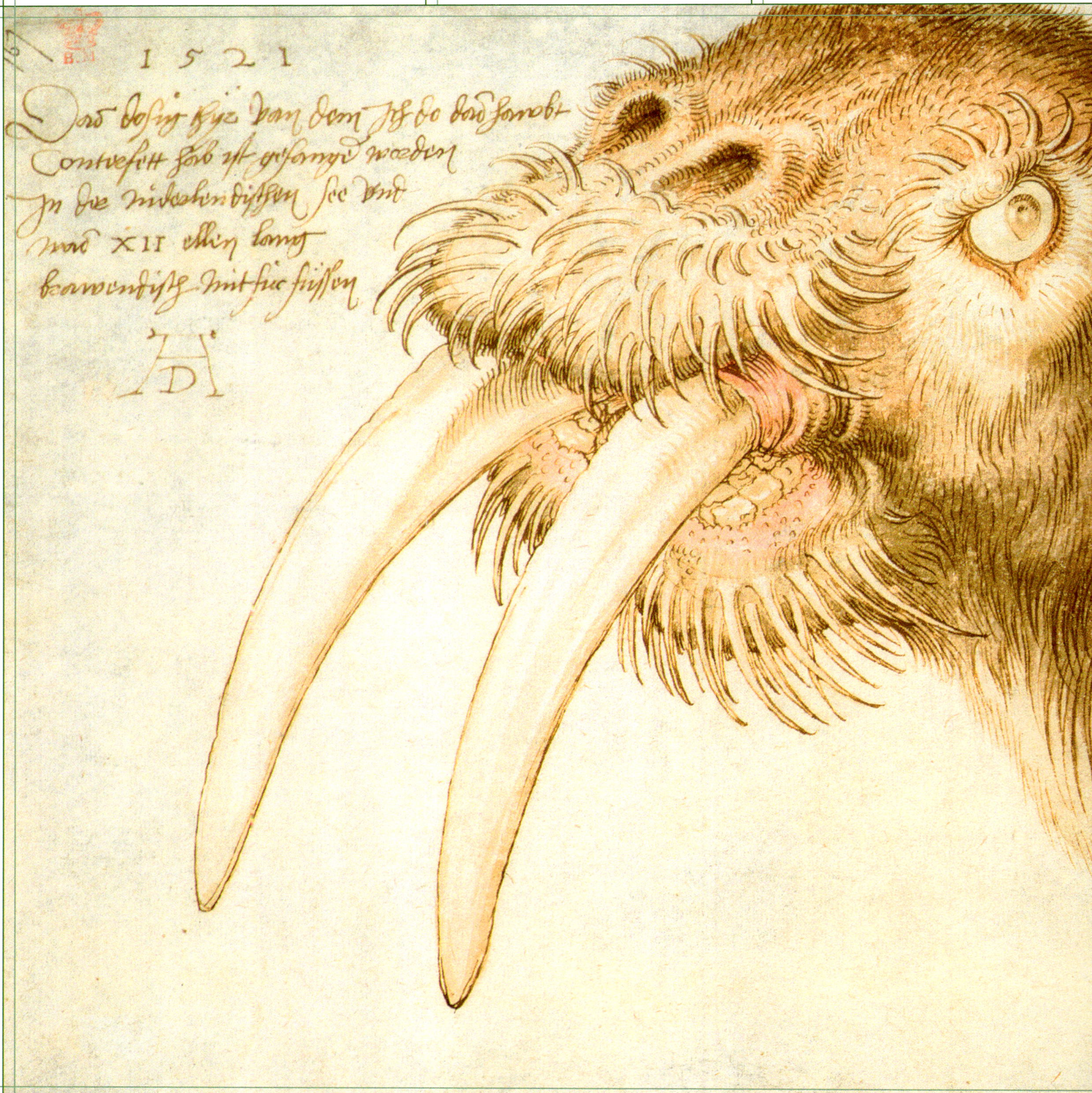

tet. Auf dem Friedhof St. Johannis in Nürnberg befindet sich das Grab Albrecht Dürers. Im Bild rechts stellt sich der 26-jährige Dürer in diesem Selbstporträt stolz als Maler dar.

Er ist das größte deutsche Genie der Renaissance und wird in einem Atemzug genannt mit Michelangelo, Tizian oder Raffael: Albrecht Dürer (1471–1528). Seine Heimatstadt Nürnberg nennt sich nach ihrem größten Sohn sogar Albrecht-Dürer-Stadt. Ein Glücksfall ist, dass das prächtige Haus, in dem er geboren wurde und aufwuchs, die Kriege überdauert hat und besichtigt werden kann.

Dürers Vater war ein aus Ungarn eingewanderter Goldschmied, der es in Nürnberg zu Ansehen und Wohlstand gebracht hatte. Bei ihm lernte der junge Albrecht das Goldschmiedehandwerk, worauf er sich bei dem renommierten Nürnberger Maler Michael Wolgemut ausbilden ließ. Mit 19 begab er sich für vier Jahre auf Wanderschaft, unter anderem an den Oberrhein und ins Elsass. Ab etwa 1503 betrieb Dürer eine eigene Werkstatt für Druck und Kupferstich mit mehreren Mitarbeitern. Er selbst malte in dieser Zeit neben Naturbildern, wie dem berühmten »Hasen« oder dem »Großen Rasenstück«, auch viele Porträts und zahlreiche Selbstbildnisse. Seine handwerklich hervorragenden und künstlerisch anspruchsvollen Bilder machten ihn zunehmend berühmt. Als er sich 1505/1506 in Venedig aufhielt, bot ihm der Stadtrat ein gutes Jahresgehalt, wenn er dauerhaft bleiben würde. Doch Dürer lehnte ab. 1509 wurde er in den Großen Rat der Stadt Nürnberg gewählt, zu deren angesehensten Bürgern er bald zählte und für die er zunehmend repräsentative Aufträge ausführte. Eine Reise in die Niederlande 1520/1521 geriet zum Triumphzug. Fürsten, Gelehrte und Künstler huldigten ihm, die Stadt Antwerpen versuchte ihn – ebenfalls erfolglos – mit viel Geld zum Bleiben zu bewegen. 1528 starb Dürer in Nürnberg an den Spätfolgen einer Malariainfektion.

Das Aquarell »Ansicht der Stadt Nürnberg von Westen schuf Dürer 1495/96. Es befindet sich heute in der Kunsthalle in Bremen. Kleines Bild: Galerieraum im Albrecht-Dürer-Haus in Nürnberg – Dürer wohnte hier von 1509 bis 1528. Das heutige Museum zeigt Gemälde und Druckwerke Dürers. Zu sehen ist auch eine Malerwerkstatt der Dürerzeit mit grafischem Atelier, in dem künstlerische Techniken demonstriert werden.

Der Einsteinturm in Potsdam wurde nach Plänen von Erich Mendelsohn 1920–1924 im Auftrag der Einstein-Stiftung zur spektralanalytischen Forschung, insbesondere dem Nachweis der Einsteinschen Relativitätstheorie erbaut.

»Das Häuschen in Caputh ist zwar eine Pleite, aber eine sehr schöne«, schrieb Albert Einstein 1929 seiner Schwester Maja, nachdem er in sein neues Sommerhaus in dem idyllisch süd-

lich von Potsdam gelegenen Ort eingezogen war (kleines Bild). Bis 1932 verbrachte er hier einen großen Teil des Jahres. Das Haus kann heute nach Voranmeldung besichtigt werden.

Albert Einstein (1879–1955) gilt als einer der größten Wissenschaftler aller Zeiten und als Inbegriff des Genies. Er war es, der im 20. Jahrhundert den wissenschaftlichen Begriff von Realität radikal veränderte. Sein origineller Geist und seine sympathische Person ließen ihn am Ende seines Lebens zu einer Art Superstar der Wissenschaft werden.

Einsteins Relativitätstheorie machte die geltende Vorstellung einer steten Zeit und eines gleichmäßigen, dreidimensionalen Raumes hinfällig. Er entdeckte, dass zwischen Raum, Zeit und Masse bzw. Energie eine Beziehung besteht, und formulierte die bis heute so irritierenden Erkenntnisse, dass Masse den Raum krümmen und die Zeit verlangsamen kann. Die Faszination vieler für Einstein rührt zum Teil wohl auch daher, dass er die meisten seiner revolutionären Erkenntnisse in relativ jungen Jahren als »Angestellter 3. Klasse« des Berner Patentamtes machte und erst danach zu akademischen Weihen gelangte. In seinem »Wunderjahr« 1905 veröffentlichte er fünf Aufsätze zu unterschiedlichen Themen, die sämtlich Geschichte schrieben, darunter neben der Speziellen Relativitätstheorie eine Arbeit zur Brownschen Molekularbewegung und eine Arbeit zum Photoelektrischen Effekt, für die er 1921 den Nobelpreis erhielt. Ab 1914 arbeitete er in Berlin an der Preußischen Akademie der Wissenschaften. Während der Machtergreifung der Nationalsozialisten 1933 befand sich Einstein auf einer Vortragsreise in den USA und kehrte, da er Jude war, nicht mehr nach Deutschland zurück. Im selben Jahr wurde er in Princeton am Institute for Advanced Studies aufgenommen. Während des Zweiten Weltkrieges befürwortete er das Programm zur Entwicklung einer amerikanischen Atombombe, distanzierte sich später aber davon und warb engagiert für Abrüstung.

Rainer Werner Fassbinder gemeinsam mit Elisabeth Trissenaar und Günter Lamprecht in der Fernsehserie »Berlin Alexanderplatz« (1979) nach dem gleichnamigen Roman von Alfred Döblin (großes Bild).

Rechte Bildleiste, von oben: Ausschnitte aus berühmten Filmen – Barbara Valentin und El Hedi ben Sakem in »Angst essen Seele auf« (1974), Hanna Schygulla als »Lili Marleen«

(1980), Barbara Sukowa in der Rolle der »Lola« (1981) und schließlich Fassbinder als Schauspieler mit Petra Jokisch in »Kamikaze 1989« des Regisseurs Wolf Gremm (1982).

Rainer Werner Fassbinder (1945–1982) verkörperte wie kein anderer Filmemacher das Äußerste, was in der »alten« Bundesrepublik zur Zeit der Aufbruchsstimmung der 60er- bis 80er-Jahre an dramatischer und exzessiver Kunst möglich war.

Seine Schaffenskraft war maßlos und selbstzerstörerisch: In 14 Jahren drehte Fassbinder 45 Filme, von denen er für die meisten auch das Drehbuch schrieb und mehr als die Hälfte zudem (ko-)produzierte. Er schrieb oder bearbeitete 20 Theaterstücke, setzte 25 Stücke selbst in Szene und schrieb vier Hörspiele. Wie ein Balzac der Nachkriegszeit schuf er ein Kaleidoskop von Figuren, in denen sich die Gesellschaft spiegelt, die aber trotzdem zeitlos gültig sind. Geboren am 31. Mai 1945 in Bad Wörishofen, wuchs er bei der Mutter auf und zog mit 16 Jahren zum Vater. Nach vergeblichen Versuchen, an einer Filmhochschule aufgenommen zu werden oder eine Schauspielerprüfung zu bestehen, begann er in München, auf eigene Faust Theater und Filme zu machen. Ersten Kurzfilmen folgten 1969 der Aufsehen erregende Spielfilm »Liebe ist kälter als der Tod« und das Theaterstück »Katzelmacher«, danach jedes Jahr mehrere Projekte. 1979–1981 erlangte er innerhalb weniger Jahre mit dem Monumentalwerk »Berlin Alexanderplatz«, mit »Lili Marleen«, »Lola« und »Die Sehnsucht der Veronika Voss« endgültig eine herausragende Stellung im neuen deutschen Film. Am 10. Juni 1982 starb er in München an einer Überdosis Kokain. Einige seiner Filmtitel sind geflügelte Worte geworden: »Acht Stunden sind kein Tag«, »Angst essen Seele auf« oder »Ich will doch nur, dass Ihr mich liebt«.

Mit dem Denkmal des wandernden Fontane, der mit dem Stift in der Hand Rast hält, erinnert Neuruppin an seinen berühmten Sohn sowie an sein Reisetagebuch »Wanderungen durch die Mark Brandenburg« (großes Bild).

Kleines Bild links: Handschriftliche Aufzeichnungen des Dichters aus dem Fontane-Archiv in Potsdam. Durch seine Beschreibungen der Landschaften, aber auch des Junkertums oder

des allgegenwärtigen Militarismus hielt er die Lebensumstände in seiner Heimat Preußen für die Nachwelt fest. Bild rechts: Fotografie etwa von 1885.

Fontane und Brandenburg – man kann kaum das eine sagen, ohne das andere zu denken: »Wanderungen durch die Mark Brandenburg«, »Herr von Ribbeck auf Ribbeck im Havelland«, »Der Stechlin« ... Kein anderer großer deutscher Schriftsteller ist derart in einer Landschaft verwurzelt wie Theodor Fontane (1819–1889).

Er kam 1819 in Neuruppin als Sohn eines Apothekers zur Welt, wuchs und in Swinemünde auf und machte in Berlin eine Apothekerlehre. Währenddessen veröffentlichte er mit 19 Jahren bereits seine erste Novelle. In den darauf folgenden zehn Jahren arbeitete er an verschiedenen Orten als Apothekergehilfe, überstand eine Typhuserkrankung, erhielt die Approbation als Apotheker und schrieb regelmäßig. Die sich seit 1847 verschärfende Revolution politisierte auch ihn, und er kämpfte zeitweilig auf den Barrikaden. 1849 entschloss er sich, nicht mehr als Apotheker zu arbeiten, sondern nur noch zu schreiben. Im Jahr darauf heiratete er seine langjährige Verlobte Emilie. Zunächst produzierte Fontane vor allem Texte für Zeitungen, auch Auslandsberichte, Theaterkritiken und Kriegsreportagen, wie die vom Schleswig-Holsteinischen Krieg 1864 oder vom Deutsch-Französischen Krieg 1870/1871. Seit 1862 schrieb er mehr als anderthalb Jahrzehnte an den »Wanderungen durch die Mark Brandenburg«. Ende der 1870er-Jahre verabschiedete er sich vom Journalismus und konzentrierte sich ganz auf die Literatur. Es entstanden Werke wie »Effi Briest«, »Stine«, »Irrungen, Wirrungen«, »Die Poggenpuhls« und »Der Stechlin«. Fontane starb im September 1898 nach längerer Krankheit.

»Nicht ohne Neugier und Erregung war es, dass ich nach dem »verwunschenen Schlosse« hin aussah ... Aber der Gegenstand unserer Neugier verbarg sich bis zuletzt und wurde erst sichtbar, als wir unmittelbar vor ihm hielten. Er lag da wie herrenloses Eigentum.« Fontane in seinen »Wanderungen durch die Mark Brandenburg«. Die Brücke (großes Bild) ist die Hauptzufahrt zum Barockschloss Hoppenrade, das

1724 errichtet und Anfang des 19. Jahrhunderts erweitert wurde. Fontane in einer zeitgenössischen Darstellung, die im Museum Neuruppin zu sehen ist (kleines Bild).

Das Anne-Frank-Haus an der Prinsengracht 267 im Zentrum Amsterdams (zweites Gebäude von links). Das ehemalige Versteck, in dem Anne Frank ihr berühmtes Tagebuch schrieb, ist heute ein Museum (großes Bild).

Rechte Bildleiste, von oben: Ein geheimer Gang führt aus den Räumen des Anne-Frank-Hauses in Amsterdam in das Zimmer, in dem sich Anne und die Familie versteckt hielten.

Ihr Tagebuch wurde in viele Sprachen der Welt übersetzt. Ein Grabstein erinnert in der Gedenkstätte des ehemaligen KZ Bergen-Belsen an Anne und ihre Schwester Margot.

Die Tagebücher sind ihr Vermächtnis. Millionen von Menschen in aller Welt haben durch sie die Leiden und die Angst der jungen Anne Frank miterlebt – ihre Flucht vor den Nationalsozialisten, ihr jahrelanges Leben im Versteck und schließlich ihr trauriges Ende in einem Konzentrationslager.

Anne Frank wurde am 12. Juni 1929 in Frankfurt am Main in einer jüdischen Familie geboren. Bereits vier Jahre später, einige Monate nach der Machtergreifung der Nationalsozialisten 1933, verließ die vierköpfige Familie Deutschland und zog nach Amsterdam. Doch auch dort holte sie die Judenverfolgung ein, und sie bezogen mit vier weiteren Personen ein vorbereitetes Versteck, ein Zimmer, das nur durch eine Geheimtür in einem Lagerhaus zugänglich war. Mehr als zwei Jahre lang, von Juli 1942 bis August 1944, lebten die acht Menschen in dem Hinterhaus. Die ganze Zeit über führte Anne ein Tagebuch. Sie beschrieb das Leben im Versteck, die Unruhe, die ständige Angst und den Stress unter den Bewohnern; das Leiden, wenn draußen schönes Wetter war und man nicht raus durfte; die Unsicherheit über die Weltlage; das Radiohören als der einzigen Verbindung nach draußen. Aber Anne schrieb auch über ihre Gefühle, ihre Gedanken über das Leben und ihre erwachende Sexualität. Ihre Aufzeichnungen zeugen von großem schriftstellerischen Talent. Im August 1944 wurden die Versteckten verraten und in verschiedene Konzentrationslager gebracht. Anne Frank starb im Februar oder März 1945 im KZ Bergen-Belsen vermutlich an Typhus. Auch alle ihre früheren Mitbewohner, mit Ausnahme des Vaters Otto Frank, kamen um.

Das Kyffhäuser-Denkmal in Bad Frankenhausen, Thüringen (großes Bild). Die Sage vom König, der im Kyffhäuser sitzt und eines Tages als Herrscher zurückkommen wird, bezog sich ursprünglich auf Friedrich II.

Linke Bildleiste, von oben: Das Fresko Tiepolos im Kaisersaal der Würzburger Residenz zeigt die Hochzeit Barbarossas mit Beatrix von Burgund im Jahr 1156 in Würzburg. Fede-

rico Zuccari setzte die Aussöhnung zwischen Barbarossa und Papst Alexander III. ins Bild. Bild rechts: Friedrich I., umgeben von seinen Söhnen, in einer Buchmalerei von 1180.

Von Kaiser Friedrich I. (1122–1190), wegen seines roten Bartes Barbarossa genannt, geht die Sage, dass er in einer Höhle in dem Berg Kyffhäuser sitzt und auf seine Wiederkehr wartet. Kleiner Haken an der Geschichte: Sie wurde gar nicht für Barbarosssa erdacht, sondern für seinen Enkel Friedrich II.

Aber wie das so ist bei mythischen Figuren: Sie ziehen nicht nur Menschen und Ereignisse an, sondern auch Geschichten. Barbarossa war offenbar charismatisch, gutaussehend, maßlos in vielerlei Hinsicht und besaß die Gabe, andere zu begeistern. Er führte fast permanent Krieg. Mit 25 wurde er als Nachfolger seines Vaters Herzog von Schwaben, und bereits fünf Jahre später, als sein Onkel Konrad III. starb, deutscher König. Seine Regierung wurde bestimmt von Dauerkonflikten mit dem Papst und den oberitalienischen Städten, aber auch mit innenpolitischen Konkurrenten wie seinem Cousin Heinrich dem Löwen, dem späteren Herzog von Bayern. Beim Kampf zwischen der Stadt Rom und Papst Hadrian IV. schlug er sich zunächst auf die Seite des Papstes und ließ sich dafür 1155 von ihm zum Kaiser krönen. Dennoch entfremdeten sich Friedrich und das christliche Oberhaupt zunehmend, und als Hadrian IV. 1159 starb, führten widerstreitende Ansprüche zur Kirchenspaltung, dem so genannten Schisma. 1189 brach der hoch betagte Barbarossa gemeinsam mit dem englischen König Richard I. und mit Philipp II. von Frankreich zum Kreuzzug auf. Im Juni 1190 ertrank er im Fluss Saleph, der heute Göksu heißt. Seine Überreste sollten nach Jerusalem überführt werden, wurden aber an unbekannter Stelle bestattet.

Darsteller posieren während der »Schlössernacht« vor dem Neuen Palais im Garten des Schlosses Sanssouci in Potsdam (großes Bild). Friedrich II. hatte das Palais nach dem Erfolg im Siebenjährigen Krieg erbauen lassen.

Rechte Bildleiste, von oben: Reiterstandbild Friedrichs II. Unter den Linden in Berlin. Friedrich-Statue vor Schloss Charlottenburg. Das berühmte »Flötenkonzert Friedrichs des Gro-

ßen« (1850) von Adolph von Menzel hängt in der Berliner Nationalgalerie. Schloss Sanssouci im abendlichen Lichterglanz. Bild rechts: Gemälde von Anton Graff, 1781.

Er ist immer noch der beliebteste deutsche König, erkennbar an dem kumpelhaften Beinamen »der alte Fritz«: Friedrich II. von Preußen (1712–1786), genannt der Große.

Im Europa des 18. Jahrhunderts erregte Friedrichs straff organisierter, ehrgeiziger kleiner Staat einiges Aufsehen: Während ansonsten jeder Provinzfürst dem französischen »Sonnenkönig« Ludwig XIV. nacheiferte und an seinem eigenen Versailles bastelte, verkündete Friedrich: »Ich bin der erste Diener meines Staates.« Er schaffte die Folter ab, erlaubte Religionsfreiheit, ließ Einwanderer ins Land, legte Brachland wie das Oderbruch trocken, schränkte die Zensur ein und verfügte, dass Beamte alle Bürger gleich behandeln mussten. Trotzdem hatte das Militär absolute Priorität – in dieser Hinsicht war er ganz der Sohn seines Vaters, des »Soldatenkönigs« Friedrich Wilhelm I., gegen dessen autoritäre Erziehung er sonst rebellierte. Seinen Beinamen bekam Friedrich der Große nicht wegen seines aufgeklärten Regierungsstils, sondern wegen seines Einsatzes im Siebenjährigen Krieg (1756–1763). Diesen Krieg gegen alle großen Nachbarn hatte Preußen schon so gut wie verloren, als sich in letzter Sekunde das Blatt wendete und Russland nach dem Tod der Zarin Elisabeth auf Preußens Seite schwenkte. Plötzlich war das kleine Preußen zur europäischen Großmacht geworden. Friedrich starb 1786. Sein Nachfolger Friedrich Wilhelm II. ließ ihn aber, nicht wie gewünscht, auf der Terrasse von Sanssouci begraben, sondern in der Gruft der Potsdamer Garnisonkirche. Erst 1991 wurde sein Sarg nach Sanssouci überführt und sein Wille damit der endlich erfüllt.

Die Kreidefelsen auf Rügen, Caspar David Friedrichs berühmtestes Bildmotiv (großes Bild). Welche Stelle genau ihm als Vorlage diente, ist unbekannt. Die »Wissower Klinken«, die 2005 abstürzten, waren es aber wahrscheinlich nicht.

Rechte Bildleiste, von oben: Friedrichs »Kreidefelsen« im Original von 1818. Der »Wanderer über dem Nebelmeer« aus demselben Jahr und die »Abtei im Eichwald« (1809) sind

Caspar David Friedrich

Sinnbilder der romantischen Malerei. Vorlage der Abtei war die Ruine Eldena bei Greifswald. Bild rechts: Porträt Caspar David Friedrichs von Franz Gerhard von Kügelgen.

Caspar David Friedrich (1774–1840) ist der Landschaftsmaler der deutschen Romantik schlechthin. Seine Gemälde sind der Inbegriff empfindsamer Naturauffassung und symbolhaft-religiöser Weltsicht.

Der Maler wurde 1774 in Greifswald als Sohn eines Kerzengießers geboren, erhielt ab 1790 privaten Zeichenunterricht und studierte dann an der Akademie in Kopenhagen. 1798 ging er nach Dresden, wo er mit seiner Frau Caroline und den drei Kindern bis zu seinem Tod lebte. Die Landschaft Rügens beflügelte in den ersten Jahren seine künstlerische Entwicklung. Später waren es die Sächsische Schweiz, das Riesengebirge, der Harz oder die Berge Böhmens, die ihn inspirierten. Allein oder in Begleitung eines Künstlerfreundes durchwanderte er diese Landschaften und schärfte dabei seinen Blick, eine Mischung aus tiefreligiöser, introvertierter Innenschau und präziser Naturbeobachtung. Er pflegte Kontakt zu Goethe sowie Vertretern der literarischen Romantik und war mit dem Dichter-Arzt Carl Gustav Carus und dem norwegischen Maler Johan Christian Clausen Dahl befreundet. Erst 1807 wandte er sich, der bis dahin meist mit Sepiatusche gezeichnet hatte, der Ölmalerei zu. Sein erstes Werk in dieser Technik, »Das Kreuz im Gebirge«, löste scharfe Kontroversen aus, machte ihn aber zugleich berühmt und brachte wichtige Auftraggeber und Mäzene. 1810 und 1817 wurde er zudem Mitglied der Berliner bzw. Dresdener Akademie. Nach und nach war seine frühromantische Stimmungsmalerei weniger gefragt: Der Zeitgeschmack hatte sich gewandelt. 1835 erlitt Caspar David Friedrich einen Schlaganfall, 1840 starb er.

Die Fuggerei in Augsburg ließ Jakob Fugger auf dem Höhepunkt seiner Macht bauen, um seinen Reichtum zur Mildtätigkeit zu nutzen. Noch heute werden die Wohnungen unter sozialen Gesichtspunkten vermietet (großes Bild).

Rechte Bildleiste, von oben: Kaiser Maximilian I. in einem Gemälde von Albrecht Dürer. In der Augsburger St.-Anna-Kirche befindet sich die Fuggerkapelle. Ein original eingerich-

tetes Schlafzimmer in der Fuggerei. Das Fugger-Denkmal in Augsburg stellt Johann Jakob (1516–1575), Jakobs Neffen, dar. Bild rechts: Bildnis Jakob Fuggers von Albrecht Dürer.

Er war mit Sicherheit einer der geschicktesten Unternehmer aller Zeiten – und auf jeden Fall der erste in Mitteleuropa, der in ganz großem Stil Geschäfte machte und dabei auch politisch einflussreicher wurde als Fürsten und Könige: Jakob Fugger II., genannt »der Reiche« (1459–1525).

Als Spross einer alteingesessenen Augsburger Unternehmerfamilie wurde er im selben Jahr geboren wie der kommende Kaiser Maximilian II. – später einmal sein größter Schuldner. Schon als 20-jähriger baute er für die Familie in Rom eine Bankniederlassung auf. Hier zeigte sich sofort sein Geschick, zu Papst, Kaiser und mächtigen Familien wie den Medici Beziehungen zu knüpfen und sie bei Bedarf gegeneinander auszuspielen. Offene Kredite ließ er sich mit Kupfer- und Silberminen bezahlen und kaufte weitere dazu, so dass er ab 1511 ein Monopol besaß. Transportiert wurde das Metall unter Umgehung der mächtigen Venezianer auf eigene Faust. Hinzu kamen Textilunternehmen, Gewürzhandel und der lukrative katholische Ablasshandel, für dessen Organisation die Fugger die Hälfte der Gelder einstreichten. Nach der Wahl Carlos' von Spanien zum deutschen Kaiser Karl V., die in einem offenen Bietergefecht zwischen den mächtigsten Finanziers ausgehandelt wurde, war Jakob Fugger auf der Höhe seiner Macht. Der Kaiser hatte sich bei ihm so verschuldet, dass er z. B. die Eroberungszüge in Südamerika unternahm, um das legendäre Aztekengold zu rauben. 1514–1523 baute Jakob in Augsburg die Fuggerei, die älteste Sozialsiedlung der Welt, die heute noch besteht. 1525 starb er und wurde in der Fuggerkapelle in St. Anna bestattet.

Denkmal im Parkstreifen der Bürgerstraße in Göttingen. Zusammen mit Wilhelm Weber (stehend) erfand Gauß den Nachbau des Gauß-Weber-Telegrafen – der ersten Telegrafen-Verbindung der Welt (großes Bild).

Kleines Bild, links: Vitrine mit historischen Messgeräten im Gauß-Haus, das sich auf dem Gelände der Göttinger Erdbebenwarte befindet. Das Holzhaus wurde im Jahr 1833 für die erd-

magnetischen Messungen von Gauß und Weber errichtet. Um störende Einflüsse bei der Messung des Erdmagnetfelds zu verhindern, wurde es komplett eisenfrei gebaut.

Er war der größte Mathematiker, den Deutschland hervorgebracht hat: Carl Friedrich Gauß (1777–1855). Schon zu Lebzeiten wurde er als »Fürst der Mathematiker« gerühmt.

Gauß ist einer jener Fälle, in denen der Funke des Genies unerwartet aufblitzt: Seine Eltern waren einfache Leute, nichts deutete auf das Wunderkind hin. Berühmt ist die Anekdote, wie er als Grundschüler die Zahlen von 1 bis 100 zusammenzählen sollte und auf die Idee verfiel, Zahlenpaare zu bilden: 1+100, 2+99, 3+98 usw. Binnen Minuten hatte er die Lösung. Der Herzog von Braunschweig förderte ihn, ermöglichte ihm das Studium und eine feste Anstellung; nach dessen Tod wechselte er nach Göttingen, wo er Direktor der neugeschaffenen Sternwarte wurde und bis zu seinem Tod lebte. Was Gauß alles entdeckte und entwickelte, ist kaum überschaubar. Mathematiker, Physiker und Astronomen kennen Dutzende von Formeln und Verfahren, die auf ihn zurükkgehen, von der Gauß'schen Normalverteilung in der Wahrscheinlichkeitsrechnung über das Gauß'sche Fehlerintegral und das Prinzip des kleinsten Zwanges bis zu den Gauß-Krüger-Koordinaten der Topografie. Seine Verfahren zur Berechnung der Planetenbahnen, 1809 veröffentlicht, sind bis heute gültig. Doch Gauß war nicht nur ein brillanter Theoretiker, sondern auch ein Mann der Tat, dem es Spaß machte, bei den Arbeiten zur Triangulierung, der damals entstandenen Methode der Landvermessung, auf Kirchtürmen und Bergspitzen herumzuklettern und das Verfahren ständig zu verbessern, etwa durch die Entwicklung des Heliotropen, eines mit einem Sonnenspiegel ausgestatteten Messinstruments. Manche seiner Erkenntnisse vertraute er nur seinen Tagebüchern an, die erst nach seinem Tod gefunden wurden.

Ein genialer Kopf – Goethes Konterfei am Goethe-und-Schiller-Denkmal in Weimar (großes Bild). Neben diesen beiden Dichtern lebten hier zur Zeit der Klassik zeitweise Johann Gottfried Herder und Christoph Martin Wieland.

Rechte Bildleiste, von oben: Das Geburtshaus Goethes in Frankfurt am Main, in dem sich heute ein Museum befindet. Ebenfalls in Frankfurt hängt das berühmteste Goethe-Bild,

das Heinrich Tischbein 1787 schuf. In Weimar bieten die Villa sowie das Gartenhaus des Dichters Einblicke in Goethes Leben. Bild rechts: Büste von Christian Daniel Rauch.

Welche Schaffenskraft, welche unglaubliche Mischung aus Disziplin und Leichtigkeit! Johann Wolfgang von Goethe (1749–1832) war schon für seine Zeitgenossen und ist noch für uns heute der größte deutsche Dichter.

Mit 22 Jahren hatte er bereits das Juraexamen geschafft und dazu einen Studienortswechsel und ein Zerwürfnis mit dem Vater hinter sich gebracht sowie nebenbei ein Kriminalstück geschrieben. 1773 veröffentlichte er den »Götz von Berlichingen« im Selbstverlag und, von dessen Erfolg beflügelt, kurz darauf »Die Leiden des jungen Werthers«. So war er mit 24 bereits ein Star der damaligen Literaturszene. Herzog Karl August von Sachsen-Weimar-Eisenach bot dem jungen Genie eine Stelle an seinem Hof in Weimar an. Dort sollte Goethe nicht allein den »Musenhof« bereichern, sondern politische Aufgaben übernehmen. Als »Geheimer Legationsrat« hatte er die Finanzen unter sich, zeitweise auch das Bildungswesen, den Bergbau und die Leitung des Hoftheaters. Und als wäre es ein Hobby, schrieb er nebenbei ein Stück Weltliteratur nach dem anderen, korrespondierte mit den bedeutenden Geistern der Zeit, trieb naturwissenschaftliche Studien und pflegte einige Jahre lang eine intensive Freundschaft mit Friedrich von Schiller, die man später als Nukleus der »Weimarer Klassik« betrachtete. Seinen Ruf als Inbegriff des deutschen Dichters erwarb er vor allem mit dem »Faust«, dieser sehr deutschen Parabel auf den Ehrgeiz, die Lust, das Sehnen, Streben, mit all seinen Höhen und Tiefen: »Wer immer strebend sich bemüht, den können wir erlösen.« Ein Jahr nach der Vollendung des zweiten Teils starb der »Dichterfürst« – ein inoffizieller Titel, der erst ein Jahrhundert später wieder einem Schriftsteller verliehen werden sollte: an Thomas Mann.

Die Anna-Amalia-Bibliothek in Weimar im Zustand vor dem Brand im Jahr 2004 (großes Bild). Von 1797 an führte Goethe die Oberaufsicht über die Bibliothek und ließ sie zu einer der wichtigsten ihrer Art in Deutschland ausbauen.

Kleines Bild unten: Die »Faust«-Vitrine in Auerbachs Keller in Leipzig. Das Gasthaus inspirierte Goethe zu einer seiner bekanntesten Szenen im ersten Teil des »Faust«.

In der studentisch geprägten Atmosphäre gibt sich der berühmte Magister den von Mephisto herbeigeführten sinnlichen Freuden hin, ohne sie wirklich genießen zu können.

David Bennent als Oskar in Volker Schlöndorffs oscarprämiertem Film »Die Blechtrommel« nach dem gleichnamigen Roman von Günter Grass (großes Bild). Das Buch brachte 1959 den Durchbruch für den Schriftsteller.

Rechte Bildleiste, von oben: Der Dichter im Garten des Günter-Grass-Hauses in Lübeck, neben ihm eine Plastik des »Butts«. Grass arbeitet auch als Grafiker und illustrierte

2005 aus Anlass des 200. Geburtstags von Hans Christian Andersen dessen Märchen neu. In Danzig befindet sich die Skulptur des Oskar Matzerath aus »Die Blechtrommel«.

Günter Grass

Mit einem Trommelwirbel sprang 1959 der kleine Oskar Matzerath auf die Bühne der Weltliteratur und machte damit auch seinen Schöpfer schlagartig berühmt: den bis dahin nur Insidern bekannten deutschen Schriftsteller Günter Grass.

Günter Grass wurde 1927 in Danzig geboren und begann – nach Kriegsdienst und Gefangenschaft – in Düsseldorf und Berlin Kunst zu studieren, vor allem Bildhauerei und Grafik. Nebenbei schrieb er Gedichte, Erzählungen und Theaterstücke. Gleich sein erster Roman, »Die Blechtrommel«, wurde zum Welterfolg. Die genial angelegte Figur des Oskar Matzerath, der aus Protest gegen die korrupte Welt im Alter von drei Jahren zu wachsen aufhört und fortan mit seiner Blechtrommel Alarm schlägt, wo die Erwachsenen es sich in ihrer Verlogenheit bequem eingerichtet haben, verstörte und begeisterte das Publikum zugleich. Grass' Lust am Erzählen, die barocke Üppigkeit des Romans und die Art und Weise, wie er die Widersprüche der Gesellschaft, die Zeit des Nationalsozialismus und die Schrecken des Krieges thematisierte, stachen aus der zaghaften deutschen Nachkriegsgesellschaft heraus. Die Schubkraft der Geschichte war so stark, dass sie später der Verfilmung durch Volker Schlöndorff zum Oscar verhalf. Es zeigt die Stärke von Grass, dass er an der Bürde eines solch erfolgreichen Erstlings nicht zerbrochen ist – der Nobelpreis 1999 war auch dafür die Anerkennung. Er schrieb Lyrik, Novellen und Romane, Theaterstücke und Essays, mischte sich in die Politik ein, machte Wahlkampf für Willy Brandt und erhebt bis heute die Stimme, wenn ihn etwas wütend macht. Dabei liegt ihm das Spontane stets mehr als das Ausgewogene. Aber Grass ist schließlich nicht in erster Linie Stilist, sondern Romancier.

Eichen im Reinhardswald, Ursprung vieler Märchen der Gebrüder Grimm (großes Bild). Das bekannteste ist sicher das von Dornröschen: 100 Jahre soll sie auf der Sababurg im Reinhardswald geschlafen haben.

Untere Bildleiste, von links: Das Gebrüder-Grimm-Denkmal in Kassel, wo die beiden Sprachforscher zur Schule gingen. Ein Wegstein markiert den so genannten »Rumpel-

stilzchenweg« bei Helsa in Nordhessen. Die berühmten Märchen, wie z. B. »Hänsel und Gretel«. inspirierten viele Künstler. Auch dieser kleine »Froschkönig« findet sich in Kassel.

Sie existieren im öffentlichen Bewusstsein eigentlich nur als Paar: Jacob und Wilhelm Grimm (1785–1863 bzw. 1786–1859), die berühmten Märchensammler, Sprachforscher, Übersetzer, Germanisten.

Geboren im Abstand von einem Jahr in Hanau als älteste Söhne einer Beamten- und Pastorenfamilie, verbrachten die beiden fast ihr gesamtes Leben gemeinsam: die Kindheit in Steinau, die Schule in Kassel und das Studium in Marburg, eine arbeitsreiche Phase in Kassel und Göttingen, wo sie als Bibliothekar bzw. Sekretär angestellt waren und ihre ersten sprachwissenschaftlichen Aufsätze sowie Märchensammlungen veröffentlichten. Gemeinsam wurden sie aus Göttingen ausgewiesen, weil sie sich als Teil der berühmten »Göttinger Sieben« (gemeint sind sieben Professoren) politisch für Freiheit und Demokratie engagiert hatten. In Berlin schließlich lebten beide ab 1841, wo sie recht bald nacheinander starben: Wilhelm 1859, Jacob 1863. Sie ergänzten sich perfekt – Jacob war der Ungestüme, der Macher, Wilhelm der Besonnenere, der Feinarbeiter. Ihre Märchen, die sie nicht selbst erfanden, sondern dem einfachen Volk »vom Maul abschauten«, sind so bekannt, dass sie in das Welterbe der UNESCO aufgenommen wurden. Ihr Ruf wäre nicht so umfassend, wenn sie nicht auch auf wissenschaftlichem Gebiet Hervorragendes geleistet hätten. Sie haben die systematische deutsche Sprachwissenschaft begründet, die Mythenforschung und die Namenskunde entscheidend beeinflusst. Jacob Grimms »Deutsche Grammatik« war ein bahnbrechendes Werk, und ihr »Deutsches Wörterbuch«, das den gesamten Sprachschatz der Luther- bis Goethezeit erfasste, 1838 begonnen und erst 1961 von anderen beendet, ist weltweit einzigartig. Bis heute.

Eines der Meisterhäuser von Walter Gropius in der Nähe des Dessauer Bauhauses (großes Bild). Der Grafiker Georg Muche sowie der Maler und Bildhauer Oskar Schlemmer, die an der Bauhaus-Schule unterrichteten, wohnten hier.

Rechte Bildleiste, von oben: Gropius entwarf das Dessauer Bauhaus als Gebäude der Kunstgewerbe- und Handwerkerschule im Jahr 1925. Das verglaste Rund des Kornhauses in

Walter Gropius

Dessau inspirierte viele spätere Architekten. Gropius' Fagus-Werke von 1911. Das Bauhaus-archiv in Berlin wurde 1976 bis 1979 nach Plänen von Gropius erbaut.

Walter Gropius (1883–1969) war einer der Begründer des Bauhauses und zugleich einer der wichtigsten Vertreter der Moderne in der Architektur.

Gropius trat 1907 in das Büro von Peter Behrens in Berlin ein, wo er einige bedeutende Architekten kennen lernte, darunter Le Corbusier und Mies van der Rohe. 1910 machte er sich als Architekt und Industriedesigner selbstständig. Gleich sein erster großer Auftrag geriet zu einem Meilenstein der deutschen Industriearchitektur: das Fagus-Werk in Alfeld an der Leine, das er ab 1911 mit Adolf Meyer baute. Mehrere Gestaltungselemente, die Gropius und Meyer hier entwickelten, setzten sich rasch weltweit durch: die Glasfassade, die kubischen Formen sowie schließlich die Skelettbauweise der Stahlträger, die das Gebäude leicht und elegant wirken lassen. Das Werk, das inzwischen eine Schuhleistenfertigung und ein Schuhmuseum beherbergt, ist aufwändig restauriert und kann besichtigt werden. 1919 wurde Walter Gropius zum Direktor der großherzoglich-sächsischen Hochschule für Bildende Kunst in Weimar ernannt, die er in »Staatliches Bauhaus« umbenannnte und in den 20er-Jahren zu Weltgeltung führte. 1934 floh er vor den Nationalsozialisten nach England und weiter in die USA, wo er Professor für Architektur in Harvard wurde. Nach dem Krieg verwirklichte Gropius wieder einige Projekte in Deutschland, so ein Hochhaus im Berliner Hansaviertel. Gropius spielt auch in der Musikgeschichte eine gewisse Rolle: 1910 lernte er seine spätere Frau Alma Mahler, die Gattin des Komponisten Gustav Mahler, kennen, was eine tiefe Ehekrise bei den Mahlers hervorrief. Später setzte Alban Berg Gropius' früh verstorbener Tochter Manon mit seinem Violinkonzert ein bewegendes Denkmal.

Großes Bild: Das Musée d'Unterlinden in Colmar ist ganz dem Isenheimer Altar gewidmet. Grünewalds Hauptwerk zieht riesige Besucherströme an, sodass das Museum nach dem Louvre das zweitbestbesuchte in Frankreich sein soll.

Rechte Bildleiste, von oben: Das Musée d'Unterlinden ist in den gotischen Gemäuern des ehemaligen Dominikanerinnenklosters untergebracht. »Auferstehung Christi«, die zentrale

Matthias Grünewald

Szene in der Bildkomposition des Isenheimer Altars. »Die Heiligen Erasmus und Mauritius« in der Alten Pinakothek München. Bild rechts: Kupferstich von Sandrart (1675).

Der Mann, den die Welt als Matthias Grünewald (um 1480–1528) kennt und der mit dem Isenheimer Altar eines der großartigsten Werke der deutschen Malerei geschaffen hat, hieß in Wahrheit wahrscheinlich ganz anders: nämlich Mathis Gothart, zuweilen noch mit dem Zusatz Nithart. Das hat die Forschung der letzten Jahre ergeben.

Der Name Grünewald entstand wohl durch den Fehler eines Biografen. Nicht der einzige Irrtum: Manche seiner Werke wurden früher Albrecht Dürer zugeschrieben. Das Geburtsdatum von Matthias Grunewald ist unbekannt, über Herkunft, Jugend und Ausbildung weiß man wenig, und auch in seinem späteren Lebenslauf gibt es viele Unsicherheiten. Seine Bilder stehen an einem Wendepunkt der Kunstgeschichte. Mit ihrer tiefen Religiosität und ihrem reichen Fundus an christlicher und mystischer Symbolik wurzeln sie noch in der Welt der Gotik. Der präzise Blick dagegen, die Stärke des individuellen Ausdrucks, die Raumaufteilung und der Umgang mit dem Licht zeigen an, dass Meister Mathis schon ein Zeitgenosse der Renaissance war. Ab etwa 1510 muss er an seinem Hauptwerk, dem Isenheimer Altar, gearbeitet haben, der heute im elsässischen Colmar zu besichtigen ist. Dieser groß angelegte, aus vielen einzelnen Tafeln bestehende Altar sollte ursprünglich in der Kapelle des Isenheimer Antoniterspitals aufgestellt werden. Erst viel später kam er nach Colmar. Der Altar muss 1516 abgeschlossen worden sein, worauf Mathis in den Dienst des Mainzer Erzbischofs Albrecht von Brandenburg trat. Für ihn arbeitete er vor allem in Mainz und Aschaffenburg, wo er unter anderem die »Stuppacher Madonna« schuf. Warum er später nach Halle zog, wo er starb, ist ebenso unbekannt wie der Ort seines Grabes.

Die 42-zeilige Gutenberg-Bibel gilt als das bedeutendste Druckwerk aus der Werkstatt Gutenbergs (großes Bild). Sie entstand zwischen 1452 und 1455 und wurde in einer Auflage von knapp 200 Exemplaren gedruckt.

Linke Bildleiste, von oben: 1840, zur 400-Jahr-Feier der Erfindung des Buchdrucks, ehrte die Stadt Frankfurt am Main Gutenberg und seine Helfer Peter Schöffer und Johann

Fust mit einem Denkmal auf dem Goetheplatz. Einen Blick in die Werkstatt Gutenbergs bietet das Gutenberg-Museum in Mainz. Bild rechts: Porträt von André Thévet (1584).

Er sei der »Mann des Jahrtausends«, befand eine US-amerikanische Illustrierte 2000: Johannes Gutenberg aus Mainz (um 1400 bis 1468), Erfinder des Buchdrucks mit beweglichen Lettern, Verbreiter des gedruckten Wortes, der Mann, dessen Erfindung die Welt wohl nachhaltiger veränderte als jede andere.

Zu Zeiten der Französischen Revolution war die Begeisterung für den Mann so groß, dass der Vorschlag diskutiert wurde, ihm zu Ehren den Buchdruck »guttembergisme« zu nennen. Über den Menschen, der als Johannes Gensfleisch zur Laden irgendwann um das Jahr 1400 herum als Sohn eines wohlhabenden Kaufmanns in Mainz geboren wurde und dort 1468 starb, weiß man allerdings sehr wenig. Auf jeden Fall besaß er eine solide handwerkliche Ausbildung und Erfahrung im Umgang mit Metall, arbeitete als Kopist und als Goldschmied und war in den 30er-Jahren in Straßburg Mitbesitzer eines Handwerksbetriebes, der wohl auch mit Büchern zu tun hatte. Gutenberg hat streng genommen den Buchdruck nicht alleine erfunden. Mit Holzplatten, in welche die Buchstaben einer ganzen Seite jeweils komplett eingeschnitzt waren, druckte man schon länger. Auch die Idee, einzelne Lettern zu gießen, hatte vor Gutenberg schon der Holländer Laurens Coster, davon abgesehen, dass es im chinesischen Raum ebenfalls Vorläufer dieser Technik gab. Erst Gutenberg aber verknüpfte dank zahlreicher Weiterentwicklungen alle Schritte – das Gießen der stabilen und somit beliebig wieder verwendbaren Lettern, das Zusammenfassen zu einer Druckform und das Drucken selbst – zu einer vollständigen Technologie. Schnell verbreitete sich die Drucktechnik in ganz Europa und beschleunigte von nun an den Austausch von Ideen erheblich.

Eine homöopathische Hausapotheke (großes Bild). Über die Wirkungsweise der Homöopathie sind sich die Wissenschaftler nicht einig. Dennoch wächst die Zahl der Anhänger dieser Behandlungsmethode stetig.

Kleines Bild, links: Die Stadt Köthen in Sachsen-Anhalt ehrte Samuel Hahnemann mit einem prachtvollen Denkmal. Der »Erfinder« der Homöopathie war hier ab 1821 als Hofrat

und Leibarzt des Herzogs Ferdinand Friedrich von Anhalt-Köthen tätig. Bild rechts: Samuel Hahnemann auf einem Stich aus dem 19. Jahrhundert.

Samuel Hahnemann (1755–1843) ist der »Erfinder« der Homöopathie und damit eine ziemlich einzigartige Figur – gibt es doch nicht allzu viele Menschen, die im Alleingang eine eigene Heilrichtung begründet haben. Auch wenn die Wirksamkeit der homöopathischen Methode wissenschaftlich nicht nachgewiesen ist, gibt es unzählige Menschen in aller Welt, die mit ihr arbeiten.

Hahnemann führte ein langes, erfülltes und zumindest in geografischer Hinsicht aufregendes Leben: Die längste Zeit, die er am selben Ort verbrachte, waren die Jahre von 1821 bis 1835 in Köthen in Anhalt. Geboren und aufgewachsen in Meißen als Sohn eines Porzellanmalers, begann er 1775 in Leipzig Medizin zu studieren, wechselte jedoch bald nach Wien und ließ sich zwischendurch als Hausarzt des Gouverneurs von Siebenbürgen engagieren, bevor er sein Studium 1779 in Erlangen beendete. Eine Zeitlang finanzierte Hahnemann seinen Lebensunterhalt mit dem Übersetzen medizinischer Bücher, arbeitete aber immer mehr als Arzt, wurde habilitiert und praktizierte mit wechselndem Erfolg in Dresden, Braunschweig, Leipzig und zahlreichen anderen Orten. Sein berühmtes Prinzip »similia similibus curentur« (zu Deutsch »Ähnliches wird durch Ähnliches geheilt«) entwickelte er durch Selbstversuche in den 1790er-Jahren. Sein Hauptwerk, das »Organon der rationellen Heilkunde«, erschien erstmals 1810. Hahnemann starb 1843 mit 88 Jahren in Paris, wohin er im Jahr 1835 mit seiner zweiten Frau, der französischen Malerin und Dichterin Mélanie d'Hervilly, gezogen war. Er behandelte dort zahlreiche Prominente, darunter den Geiger Niccolò Paganini, der sich in seine junge Frau verliebte, aber von dieser zurückgewiesen wurde.

Das Händel-Denkmal in Halle an der Saale, der Geburtsstadt des Komponisten (großes Bild). Hier wie in Göttingen finden jedes Jahr Händel-Festspiele mit zahlreichen, meist hochkarätigen Aufführungen seiner Werke statt.

Kleines Bild, links: Ein zeitgenössisches Tasteninstrument im Händel-Haus in Halle. Händel lebte bis 1703 in der Stadt, bevor er nach Hamburg ans Theater wechselte.

Georg Friedrich Händel

Bild rechts: In England genoss Händel hohes Ansehen, wie dieses repräsentative Porträt des Komponisten – hier als Schabkunstblatt – von Thomas Hudson belegt.

Deutschland und England wetteifern um die Ehre, als Heimatland des großen Barockkomponisten Georg Friedrich Händel (1685–1759) gelten zu dürfen. Und beide mit Recht: Während Händel in Deutschland geboren wurde und seine musikalische Ausbildung erhielt, verlebte er die Zeit seiner großen Erfolge in England und wurde schließlich auch englischer Staatsbürger.

Händel kam am 23. Februar 1685 in Halle an der Saale zur Welt – im selben Jahr wie Johann Sebastian Bach und der italienische Komponist Domenico Scarlatti. Früh erkannte man die Begabung des Knaben, und er erhielt ersten Musik- und Orgelunterricht. Dennoch begann Georg Friedrich 1702 zunächst ein Jurastudium, währenddessen er nebenbei auch als Organist arbeitete. Ab 1703 widmete er sich ganz der Musik: zunächst als Geiger des Opernorchesters in Hamburg. Dort entdeckte er seine Liebe zur Bühne, was schon 1705 zur Aufführung seiner ersten Oper »Almira« führte. Um seine musikalischen Kenntnisse zu vertiefen und Kontakte zu knüpfen, reiste er von 1706 bis 1710 durch Italien. Zurück in Deutschland, begab er sich in die Dienste des Kurfürsten von Hannover. Ab 1712 lebte er überwiegend in London, wo er aufgrund der Beziehungen des Hauses Hannover erste Aufträge erhielt. 1714 wurde sein Dienstherr Kurfürst Georg von Hannover zum König Georg I. von England gekrönt. In London feierte Händel große Erfolge mit italienischen Opern wie »Giulio Cesare« oder »Rodelinda«, später mit Oratorien, unter denen der »Messias« das berühmteste ist. Ebenso schrieb er glänzende Kirchenmusiken und Konzerte. 1726 ließ sich der Komponist in England einbürgern. Im Alter erblindete Händel, am 14. April 1759 starb er.

Auf dem Marktplatz von Halle grüßt Georg Friedrich Händel vor der Kulisse der Marienkirche und des Roten Turms vom Podest (großes Bild). Das Denkmal wurde 1859 zum 100. Todestag des Komponisten eingeweiht.

Kleines Bild: Händels Geburts- und Wohnhaus, heute ein Museum, informiert in zehn Räumen über sein Leben, Werk und seine Zeit. Historische Musikinstrumente, Bilder

und Dokumente prägen die Ausstellung. Führungen auf Tonträgern verbinden biografische und zeitgeschichtliche Informationen mit Ausschnitten aus Händels Musikwerken.

1824 lernte Heine Goethe kennen. Im selben Jahr unternahm er Wanderungen durch den Harz. Wie seinen Beschreibungen zu entnehmen ist, nahm er bei der Besteigung des Brockens diesen Weg entlang der Ilse (großes Bild).

Untere Bildleiste, von links: Eine Plakette an einem Wanderweg im Harz erinnert an den Dichter. Gedenktafel am Heine-Haus in Düsseldorf. Auch die Düsseldorfer Universität

schmückt sich mit einem Heine-Denkmal. Das Grab Heinrich Heines auf dem Montmartre in Paris. Bild rechts: Heine-Porträt von Moritz Daniel Oppenheim (1831).

Er ist gar nicht ganz zu fassen in seiner Vielseitigkeit, der Dichter und Reiseschriftsteller, Journalist und Satiriker, Obrigkeits- und Gesellschaftskritiker, gebürtige Jude, konvertierte Protestant, mal Gläubiger, mal Ungläubiger: Heinrich Heine (1797–1856).

Heinrich Heine kam als Sohn eines Tuchhändlers in Düsseldorf zur Welt. Fürs Geschäftliche zeigte er weder Neigung noch Begabung, dafür aber ein hitziges Temperament und einen brillanten Intellekt. In Göttingen wurde er 1825 zum Doktor der Rechte promoviert, und am liebsten wäre er Universitätsprofessor geworden, doch er stand sich selbst im Weg. Legendär ist seine Polemik gegen Göttingen (»berühmt für seine Würste und Universität«), und auch in München wollte man diesen unsicheren Kantonisten nicht haben. Dabei begann er schon in dieser Zeit, sich als Dichter einen Namen zu machen: 1824 war in einer Gedichtsammlung die »Loreley« erschienen, 1826 folgte die »Harzreise«, 1827 das sehr erfolgreiche »Buch der Lieder«. Um den zunehmenden, teilweise auch antisemitischen Anfeindungen und der Zensur in Deutschland zu entgehen, siedelte Heine 1831 nach Paris über und schrieb für französische Blätter über die Verhältnisse in Deutschland. 1856 starb er im Alter von 58 Jahren. Seine Kunst hat auch 150 Jahre nach seinem Tod nichts von seiner Frische verloren. Es ist neben der präzisen Beobachtung und der pointierten Kritik der unnachahmliche Rhythmus, der seine Sprache antreibt, etwa in »Deutschland, ein Wintermärchen«, einer wütenden und verzweifelt liebevollen Abrechnung mit seinem Vaterland. »Wir sind überall fremd und überall in der Fremde« – niemand hat die Zerrissenheit und Heimatlosigkeit des modernen Menschen so früh und so scharf erfasst wie er.

Der Welt der Elementarteilchen galten die Forschungen Werner Heisenbergs (großes Bild). Seine »Unschärferelation« wurde viel diskutiert. Einstein lehnte ihre Konsequenzen mit dem berühmten Bonmot »Gott würfelt nicht« ab.

Linke Bildleiste, von oben: Bei einem Treffen von Nobelpreisträgern 1936 bespricht sich Werner Heisenberg mit Arthur Compton und anderen Kollegen. Heisenberg (zweiter von

rechts) als Vertreter einer deutschen Delegation auf der Atomenergiekonferenz 1958. Im selben Jahr würdigt er den Physiker Max Planck anlässlich dessen 100. Geburtstag.

Werner Heisenberg (1901–1976) ist einer der großen Physiker des 20. Jahrhunderts. Seine Entdeckungen sind für den »Normalverstand« vielleicht noch weniger zu begreifen als die Relativitätstheorie seines Physikerkollegen Albert Einstein.

Er ist der Urheber der berühmten Heisenbergschen Unschärferelation, die in etwa besagt, dass sich bei einem Elementarteilchen entweder die Bewegung oder der Ort mit beliebiger Genauigkeit bestimmen lässt, aber nicht beides gleichzeitig. Diese Erkenntnis ist eine Konsequenz aus der Quantenmechanik, für die Heisenberg 1932 den Nobelpreis erhielt. Geboren 1901 in einer Intellektuellenfamilie, zeigte sich schon früh sein mathematisch-physikalisches Genie. Heisenberg studierte in München in Rekordzeit, wurde mit einer Arbeit über Flüssigkeitsströme promoviert, ging als Assistent zu Max von Laue, arbeitete unter anderem mit Niels Bohr zusammen und wurde bereits mit 26 Jahren Professor in Leipzig. Nach 1933 geriet er mit den Nationalsozialisten in Konflikt, die die Relativitäts- und die Quantentheorie als »jüdische Machwerke« diffamierten und aus der Physik fernhalten wollten. Heisenberg entschied sich trotzdem gegen die Emigration, da er seine Studenten nicht im Stich lassen wollte. 1939 erhielt er seinen Einberufungsbefehl und musste in Berlin als Leiter des Kaiser-Wilhelm-Instituts für Physik die Forschungen zum Atomprogramm koordinieren. Ob er dabei tatsächlich eine eher bremsende Rolle gespielt hat, wie oft behauptet wurde, ist bis heute umstritten. Sein Institut war jedenfalls von der Fähigkeit, eine Atombombe zu bauen, weit entfernt. Nach dem Krieg leitete Heisenberg das Max-Planck-Institut für Physik, zunächst in Göttingen, dann in München. Dort starb er 1976.

Großes Bild: Das Hermannsdenkmal bei Detmold entstand in der Zeit zwischen 1838 und 1875. Es ist ein Symbol für die Suche nach nationaler Identität, die in Deutschland im 19. Jahrhundert eine zunehmend wichtige Rolle spielte.

Obere Bildleiste, von links: Der Holzstich von Johann Nepomuk Geiger zeigt Hermann als Krieger in der siegreichen Varus-Schlacht im Teutoburger Wald im Jahr 9 n. Chr. »Arminius

behauptet die deutsche Freiheit gegen die Römer« lautet der Titel der kolorierten Radierung aus dem 18. Jahrhundert. Bild rechts: Stich nach A. Hoffmann (1909).

Hermann war eigentlich überhaupt kein Deutscher, und zwar einfach deshalb, weil es zu seiner Zeit (um 17/16 v. Chr.–21 n. Chr.) noch gar kein Deutsches Reich gab. Richtiger ist die Bezeichnung »Hermann der Cherusker«. Trotzdem ist es nicht ganz falsch, ihn den ersten Deutschen zu nennen, denn Hermann ist der erste, der aus dem historischen Dunkel der germanischen Stämme herausragt.

Hermann wurde als Sohn des Cheruskerfürsten Sigimer geboren und stammte aus der Oberschicht der Cherusker, die in der Gegend um Weser und Elbe lebten, war aber im Römischen Reich aufgewachsen und ausgebildet worden, da er und sein Bruder als Kinder dorthin verschleppt worden waren – zu dieser Zeit kein ungewöhnliches Schicksal. In der römischen Armee, wo er eine Einheit aus cheruskischen Söldnern führte, lernte er das Kriegshandwerk. Als Offizier und Bürger des Römischen Reiches kehrte er wahrscheinlich um das Jahr 7 oder 8 n. Chr. in seine Heimat zurück. Dort begann er einen Aufstand gegen die Römer anzuführen. In den folgenden Kämpfen schlug er das zahlenmäßig weit überlegene römische Heer unter der Führung des Publius Quinctilius Varus in der berühmten »Varus-Schlacht« im Teutoburger Wald so vernichtend, dass dies das Ende der römischen Expansion in Germanien bedeutete. Das Ziel Hermanns, aus diesem Sieg politisches Kapital zu schlagen und eine größere Zahl germanischer Stämme gegen die Römer zu vereinen, erreichte er jedoch nur für eine kurze Zeit. Im Jahr 21 wurde Hermann von innercheruskischen Gegnern ermordet – vermutlich von Segestes, dem Vater seiner Frau Thusnelda, die Hermann aus dessen Haus entführt und gegen seinen Willen geheiratet hatte.

Im Werk Hermann Hesses spielt seine Heimatstadt Calw, wenn auch selten unter ihrem richtigen Namen, eine wichtige Rolle. Auf der Nikolausbrücke über der Nagold steht seit 2002 das lebensgroße Denkmal des Dichters (großes Bild).

Kleines Bild unten: 1904 heiratete der 27-jährige Hesse die Fotografin Maria (Mia) Bernoulli aus Basel und zog mit ihr nach Gaienhofen am Bodensee. Sie bewohnten zunächst ein altes

Hermann Hesse

Bauernhaus, 1907 ließen sie ein neues Haus am Ortsrand errichten, in dem sie bis 1912 lebten. Das Bauernhaus beherbergt heute ein Museum. Bild rechts: Porträt von 1927.

Hermann Hesse (1877–1962) polarisiert bis heute. Wo die einen den Rhythmus seiner Sprache loben, bemängeln andere den gespreizten Tonfall; wo seine Liebhaber die Sensibilität rühmen, sehen die Kritiker verspätete Neoromantik. Ganz schlecht kann seine Literatur allerdings nicht sein: 1946 bekam er dafür den Nobelpreis.

Hermann Hesse wurde in Calw im Schwarzwald in eine streng protestantische Familie geboren; seine Eltern waren Missionare, der schwäbische Pietismus prägte seine Welt. Doch zeigte sich bald auch seine Eigenständigkeit. Vom evangelischen Seminar, auf das er als Vierzehnjähriger geschickt wurde, flüchtete er; auch auf anderen Schulen hielt er es nicht lange aus, und zwei Ausbildungen brach er ab. Erst als fast Achtzehnjähriger begann er eine Buchhändlerlehre in Tübingen, die er durchhielt. Nebenher las er viel und begann zu schreiben, zunächst Gedichte und kleine Prosa. 1903 erschien sein erster Roman »Peter Camenzind«, der gleich ein Erfolg wurde. Hesses Kombination aus Innerlichkeit und präziser Weltbeschreibung kam bei den Lesern an. Er heiratete und gründete eine Familie. Nach dem zweiten Roman »Unterm Rad« allerdings geriet er in eine Schaffenskrise, die wohl damals auch schon eine Ehekrise war und aus der ihn auch eine Ceylon- und Indonesienreise nicht befreite. 1919 trennte er sich von seiner Frau und zog nach Montagnola im Tessin, wo er bis zu seinem Tod 1962 mit weiteren Ehefrauen oder Geliebten lebte. Hier schrieb er die Bücher, die ihn endgültig berühmt machten: »Siddharta«, »Der Steppenwolf«, »Narziß und Goldmund« und, ab den 30er-Jahren, sein großes Alterswerk, das »Glasperlenspiel«. Erst hier, im sonnigen Süden, fand er endlich eine Heimat.

Der Gebäudekomplex des heutigen Klosters St. Hildegard entstand in den Jahren von 1900 bis 1908 im neoromanischen Stil. Er liegt etwas oberhalb des von Hildegard gegründeten Klosters Eibingen (großes Bild).

Untere Bildleiste, von links: Die Klosterruine Disibodenberg bei Bad Kreuznach. Hier lernte Hildegard bereits als Kind das Ordensleben kennen. Die drei Illustrationen aus ihrem

theologischen Hauptwerk »Scivias« zeigen die Motive einer Kommunionsfeier, des Jüngsten Gerichts sowie das der Kirche und ihrer Glieder.

Hildegard von Bingen (1098–1179) fasziniert bis heute. Die Facetten ihrer Persönlichkeit sind vielfältig: eine dem Glauben ergebene Ordensfrau, aber auch eine energische Äbtissin und machtbewusste Kirchenfunktionärin, zudem eine unermüdliche Missionarin, tiefe Mystikerin und kraftvolle Visionärin.

Des Weiteren sammelte und schrieb Hildegard von Bingen religiöse Gesänge, äußerte unkonventionelle Ansichten über Körperlichkeit und Sexualität, war kräuterkundige Heilerin und dabei die erste, die das lateinische Wissen über Krankheiten und Heilkräuter mit der Volksmedizin zusammenbrachte und die deutschen Pflanzennamen benutzte. Geboren als Kind einer Adelsfamilie in Rheinhessen, wuchs sie bei der Benediktinerin Jutta von Sponheim in einer Frauenklause des Benediktinerklosters Disibodenberg auf, in dem sie auch die größte Zeit ihres Lebens verbrachte. Jutta, der sie nach deren Tod 1136 als Lehrmeisterin der Klause nachfolgte, war in vielerlei Hinsicht ihre Lehrerin, doch auch von den Benediktinermönchen des Klosters als Berater profitierte sie. Da die Frauenklause stetigen Zulauf von Novizinnen bekam, betrieb Hildegard die Planung für ein eigenes Frauenkloster, das mithilfe einflussreicher Unterstützer auf dem Rupertsberg bei Bingen gebaut und 1151 von den Frauen bezogen wurde. 1165 erwarb Hildegard wegen des weiteren großen Andrangs von Ordensschülerinnen zu ihrer Gemeinschaft das verwaiste Kloster Eibingen. Zu dieser Zeit hatte sie auch ihre unter dem Titel »Scivias« gesammelten Visionen veröffentlicht, die innerhalb der Kirche einiges Aufsehen erregten und ihr den Ruf einer Seherin einbrachten. Hildegards Gebeine werden in einem Reliquienschrein in der Pfarrkirche von Rüdesheim-Eibingen aufbewahrt.

Die Berliner Humboldt-Universität gedenkt der beiden namengebenden Brüder mit je einem Denkmal. Alexander ist mit den Attributen des Forschungsreisenden (unter anderem einem Globus) ausgestattet (großes Bild).

Rechte Bildleiste, von oben: Auf Schloss Tegel verbrachten die Brüder ihre Kindheit. Wilhelm von Humboldt mit aufgeschlagenem Buch als Denkmal auf dem Gelände der Hum-

Alexander und Wilhelm von Humboldt

boldt-Universität. Die beiden Gemälde zeigen Alexander von Humboldt mit Aimé Bonpland am Orinoko bzw. am Fuß des Chimborassos. Bild rechts: Alexander von Humboldt (1843).

Kein anderes deutsches Brüderpaar, nicht einmal Jacob und Wilhelm Grimm, hat so starke Impulse auf verschiedenen Gebieten der Wissenschaft gegeben wie Alexander und Wilhelm von Humboldt.

Politiker, Diplomat und Bildungsreformer der eine (Wilhelm, 1767–1835), ungestümer Abenteurer, Weltreisender und bis zur Lebensgefahr besessener Forscher der andere (Alexander, 1769–1859). Aufgewachsen auf Schloss Tegel, starb den Jungen der Vater, als sie elf bzw. neun waren. Die Mutter organisierte die besten Erzieher. Während Wilhelm geradezu beängstigende Mengen an klassischer Bildung in sich aufsaugte und schon mit 13 Jahren Latein und Griechisch beherrschte, sammelte Alexander Muscheln, Käfer und Mineralien und wurde zu Hause »der kleine Apotheker« genannt. Das Erbe der Mutter bot beiden Brüdern im Alter von Mitte 20 die Gelegenheit, Lebensträume zu verwirklichen. Alexander begann seine fünfjährige Südamerikaexpedition, die ihn weltberühmt machte und ihm für den Rest seines Lebens Material zur wissenschaftlichen Auswertung gab. Wilhelm, der nach Studium und Diplomatenausbildung Kontakt zu den Weimarern Klassikern Schiller und Goethe geknüpft hatte, leistete sich einen längeren Parisaufenthalt, bevor er als preußischer Gesandter nach Rom ging. 1808 wurde er auf sanften Druck des Freiherrn vom Stein Staatssekretär für Bildung. Er begann das preußische Erziehungswesen zu reformieren und viele seiner aufgeklärten Vorstellungen umzusetzen. Als ein großer Erfolg erwies sich auch die von ihm gegründete Berliner Universität, die viele Lehrstühle sofort prominent besetzen konnte. Im Jahr 1949 wurde die Universität nach den beiden Brüdern benannt.

Vor der Königsberger Universität steht das Kant-Denkmal, das Harald Haacke 1992 nach dem Vorbild der im Zweiten Weltkrieg verloren gegangenen Originalstatue von Christian Daniel Rauch angefertigt hat (großes Bild).

Linke Bildleiste, von oben: Der Königsberger Dom aus dem Jahre 1333. Er wurde im Krieg stark zerstört und inzwischen vorbildlich wieder in Stand gesetzt. Zur Zeit Kants lag

die heute russische Stadt auf preußischem Staatsgebiet. Bild rechts: Ein Porträt vom 67-jährigen Immanuel Kant, das Gottlieb Döbler 1791 anfertigte.

Die gesamte abendländische Philosophie, so lautet ein berühmtes Bonmot, sei im Grunde nur eine Fußnote zu Platon ... bis auf Kant, muss man hinzufügen. Nach Immanuel Kant (1724–1804) ist die Philosophie nicht mehr dieselbe geblieben.

Geboren in eine pietistische Familie in Königsberg, sollte Immanuel Kant seine Heimatstadt und deren nähere Umgebung kaum je verlassen. Sein Studium, das alte Sprachen, Theologie und die Naturwissenschaften umfasste, brach er zunächst ab, weil sein Lehrer seine Abschlussarbeit nicht akzeptierte. Nach einigen Jahren als Hauslehrer gelang ihm jedoch das Examen, und nach einiger Zeit als Privatdozent erhielt er die angestrebte Professur für Logik und Metaphysik. Rufe an andere Lehrstühle hatte er stets abgelehnt. Bereits 1755 erschien seine »Allgemeine Naturgeschichte und Theorie des Himmels«, eine Theorie der Entstehung des Sonnensystems. Es folgten Schriften zur Metaphysik und dann eine zehnjährige Schaffenspause, ehe er 1781 die »Kritik der reinen Vernunft« veröffentlichte – ein Meilenstein, auch wenn das Buch zunächst zögernd aufgenommen wurde. Kant führte in diesem und in den folgenden Werken jene Begriffe ein, die von nun an nicht mehr aus der Sprache der Philosophie wegzudenken waren, vor allem den Terminus »transzendental«, der auf die Voraussetzungen reflektiert, unter denen Erkennen überhaupt erst möglich ist. Alle Erkenntnis, so Kant, kann nur in den Formen stattfinden, die uns unser eigener Verstand vorgibt (z. B. Zeit und Raum), und ist in diesem Sinn subjektiv. Über eine darüber hinaus existierende »objektive« Realität können wir nichts sagen. Kant starb am 12. Februar 1804. Seine letzten Worte sollen gewesen sein: »Es ist gut.«

Der Thron Karls des Großen in der Pfalzkapelle des Aachener Doms (großes Bild). Dieser älteste Teil der Kirche entstand zwischen 796 und 805 und gehörte ursprünglich zur Kaiserpfalz des Frankenkaisers.

Rechte Bildleiste, von oben: Der achteckige Innenraum der Pfalzkapelle erinnert an antike bzw. spätantike Vorbilder wie etwa das Mausoleum des Theoderich in Ravenna. Der goti-

sche Chor wurde im 14. Jahrhundert angefügt und 1414 geweiht. Kleines Bild links: Die Karlsbüste (1350) aus dem Domschatz. Bild rechts: Bildnis Kaiser Karls von Dürer.

Karl I., König der Franken und Römischer Kaiser, wurde schon zu seinen Lebzeiten (um 742/748–814) »der Große« genannt. Sein Lebenswerk bestimmte auf Jahrhunderte wesentliche Züge der Politik in dem Gebiet, das erst später einmal als Deutschland bezeichnet werden sollte.

Er hielt im Norden die Sachsen, im Südosten die Bayern und in Norditalien die Langobarden in Schach und integrierte sie in das Reich. Er ließ sich von Papst Leo III., dem er gegen den aufmüpfigen römischen Adel beigestanden hatte, zum Kaiser krönen, was für beide ein geschickter Schachzug war, denn bis dahin trug nur der oströmische Herrscher von Byzanz den Titel Kaiser. Indem der Papst den Frankenkönig zum Römischen und zugleich Deutschen Kaiser machte, erhob er die Einheit von Kirche und Reich zur herrschenden Doktrin. Karls weitreichendste Leistung aber war die Konsolidierung des Reiches nach innen durch eine Fülle von Reformen. Er schuf mit den Mark-, Land- und Pfalzgrafen ein System ihm untergebener Regionalherren, die genau definierte Rechte und Pflichten hatten, er ordnete die gesamte Verwaltung und »erfand« das Beamtentum, erneuerte zudem das Justizwesen und die Rechtsprechung. Mit den »Kapitularien« erließ er ein detailliertes Gesetzeswerk, das auch Angelegenheiten wie die Verwaltung der Klöster regelte und diesen, die wie Fulda, Freising, St. Gallen oder Reichenau neu gegründet oder massiv ausgebaut worden waren, eine tragende Rolle im Reich zuwies. Es war ein Aufbruch, der sich auch in der Kultur bemerkbar machte, weshalb diese Zeit in der Kunstgeschichte auch als karolingische Renaissance bezeichnet wird. Karl der Große starb im Januar 814 in Aachen und liegt in der Pfalzkapelle des Doms begraben.

Dieser nachträglich kolorierte Holzschnitt zeigt die – wahrscheinlich fiktive – Begegnung Keplers mit seinem Geldgeber, dem Habsburger Kaiser Rudolf II., dem er seine Theorie der Planetenbewegung erläutert (großes Bild).

Rechte Bildleiste, von oben: Das Kepler-Denkmal in Weil der Stadt, dem Geburtsort des Astronomen. Das Studier- und das Sterbezimmer im Kepler-Gedächtnishaus in Re-

gensburg, das heute als kleines Museum eingerichtet ist. Bild rechts: Das Porträt Keplers von 1627 befindet sich im Straßburger Münster.

Dass die Erde sich um die Sonne dreht, weiß jedes Kind, und irgendwann erfährt es meist auch, dass dieses »kopernikanische Weltbild« nicht immer selbstverständlich war. Weniger bekannt ist aber, dass erst Johannes Kepler (1571–1630) die Theorien des Nikolaus Kopernikus begründen und beweisen konnte.

Kepler hatte unter anderem die geniale Idee, dass die Planeten sich nicht auf kreisförmigen, sondern auf elliptischen Bahnen bewegen. Plötzlich waren dadurch die Widersprüche in der Berechnung der Planetenbahnen, über die sich Astronomen seit der Antike den Kopf zerbrochen hatten, aufgelöst. Der Legende nach zeigte ihm seine Mutter einen Kometen und eine Sonnenfinsternis und weckte so sein Interesse für die Astronomie. Keplers Leben verlief, selbst für damalige Verhältnisse, unruhig. Er studierte in Tübingen und lehrte einige Jahre in Graz, bevor er in Prag Assistent (und bald darauf Nachfolger) des großen dänischen Astronomen Tycho Brahe wurde. Später lehrte er in Linz, lebte dann in Ulm und schließlich in Regensburg. Immer wieder kamen wegen seiner »ketzerischen Ansichten« Professuren nicht zustande, musste er sich gegen Angriffe wehren oder gar fliehen. Seine erste Frau starb nach 14 Jahren Ehe, von insgesamt neun Kindern überlebten nur drei, und seine Mutter musste er gegen den Vorwurf der »Hexerei« verteidigen. All dies tat seiner Produktivität keinen Abbruch. Seit den 1590er-Jahren korrespondierte er mit Galileo Galilei, und in Prag konnte er Brahes umfangreiche Aufzeichnungen auswerten. Es waren aber auch unzählige eigene neue Beobachtungen, die ihn zu den »Keplerschen Gesetzen« führten, welche die Bahnen der Planeten erstmals exakt beschrieben – und im Prinzip bis heute gültig sind.

Unter dem Titel »Ernst Ludwig Kirchner und die Brücke: Selbstbildnisse – Künstlerbildnisse« zeigte die Kunsthalle Bielefeld Anfang 2006 Gemälde, Zeichnungen und Grafiken der Künstlergruppe (großes Bild).

Kleines Bild oben: Außenansicht des Brücke-Museums in Berlin-Dahlem, aus dem im April 2002 innerhalb weniger Minuten neun Gemälde (sechs von Erich Heckel und je eines

von Ernst Ludwig Kirchner, Max Pechstein und Emil Nolde) gestohlen wurden. Bild rechts: Selbstbildnis von Ernst Ludwig Kirchner, Brücke-Museum (1914).

Ernst Ludwig Kirchner (1880–1938) war Maler, Grafiker und Bildhauer – und, gemeinsam mit Karl Schmidt-Rottluff, Erich Heckel und Fritz Bleyl, Gründer der expressionistischen Künstlervereinigung »Brücke«.

1901 kam er aus seiner Geburtsstadt Aschaffenburg nach Dresden, studierte Architektur und Malerei. Beeindruckt durch Wassily Kandinsky und die französischen Postimpressionisten, deren Werk er in München kennen gelernt hatte, rief er 1905 die »Brücke« ins Leben. Die Suche nach neuen Ausdrucksmöglichkeiten, auch im Dialog etwa mit afrikanischer oder polynesischer Kunst, war das Ideal des Gruppe. Zeitweise zählte sie bis zu 70 Mitglieder, darunter Max Pechstein, Otto Mueller und später Emil Nolde. Während sich Kirchner in den Sommermonaten von 1907 bis 1911 an den Moritzburger Seen und auf Fehmarn Aktdarstellungen in der Natur widmete, wurde nach der Übersiedlung der »Brücke«-Künstler 1911 nach Berlin das pulsierende Großstadtleben ein bevorzugtes Sujet. Nach einem Streit über Kirchners Chronik der »Brücke« löste sich die Gemeinschaft 1913 auf. Kirchner meldete sich 1915 als Freiwilliger zum Kriegsdienst, erlitt jedoch einen Zusammenbruch und wurde 1916 entlassen. Nach verschiedenen Sanatorienaufenthalten zog er 1923 nach Frauenkirch-Wildboden bei Davos. Ende der 20er- und Anfang der 30er-Jahre konnte er an seine künstlerischen Erfolge der Berliner Jahre anknüpfen und wurde mit Ausstellungen geehrt, bis ihn die Nationalsozialisten als »entartet« diffamierten und 639 seiner Werke aus deutschen Museen beschlagnahmten. Von Krankheit geschwächt und verzweifelt über die Entwicklung in Deutschland, beging Ernst Ludwig Kirchner am 15. Juni 1938 in in Frauenkirch-Wildboden Selbstmord.

»Das gelbschwarze Trikot«, 1909 gemalt von Max Pechstein (1881–1955), hängt im Berliner Brücke-Museum (großes Bild). Pechstein schloss sich 1906, zusammen mit Emil Nolde, der »Brücke« an.

Kleines Bild unten: Ausstellungsplakat der Künstlergemeinschaft »Brücke« für eine Ausstellung in der Dresdener Galerie Arnold im Jahre 1907.

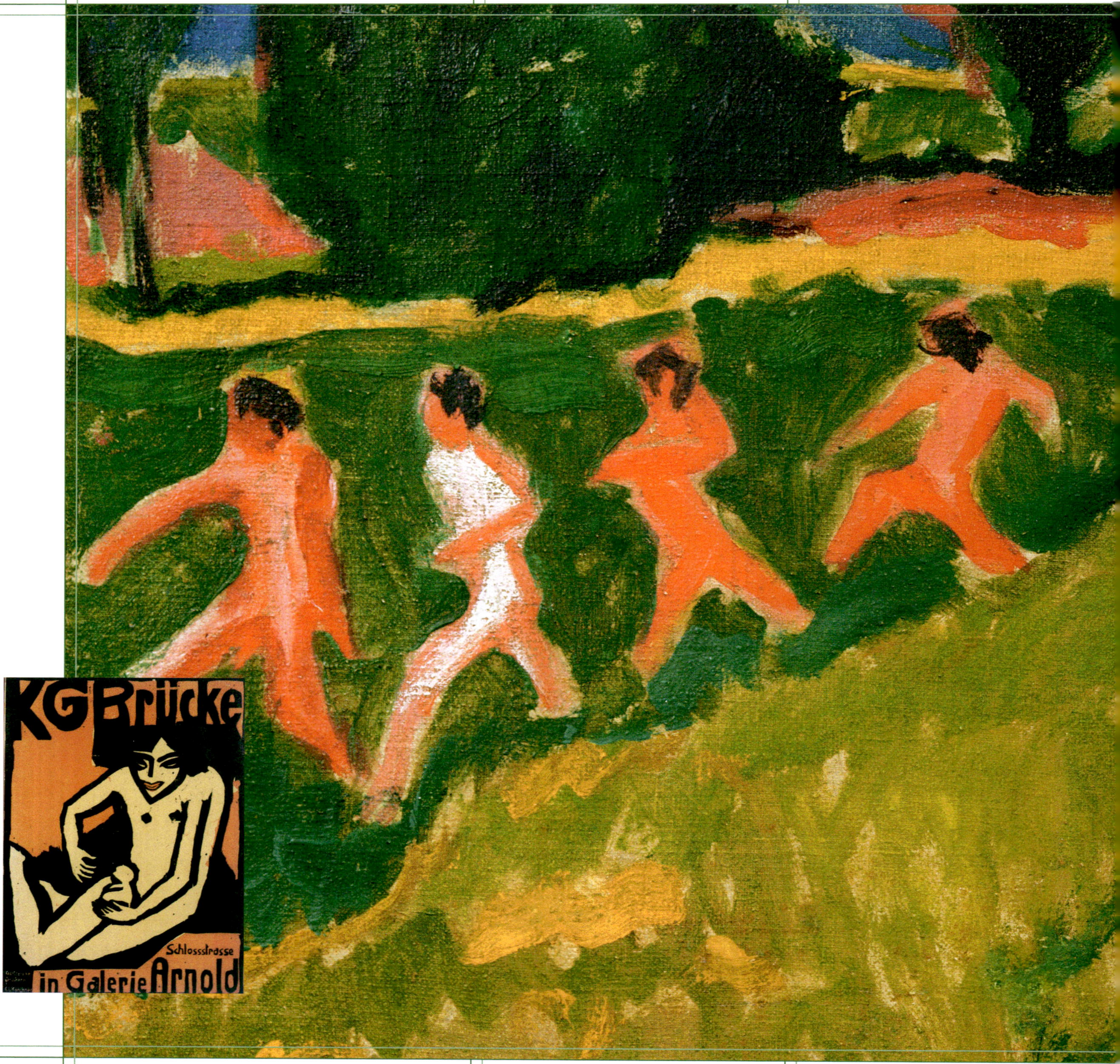

Den Königsplatz in München legte Klenze 1815 in der Art eines römischen Forums an (großes Bild). Von ihm stammen die Glyptothek und die Toranlage der Propyläen. Die Antikensammlungen schuf Friedrich Ziebland 1838–1848.

Untere Bildleiste, von links: Weitere bemerkenswerte Werke Klenzes im Herrschaftsbereich Ludwigs I. von Bayern sind der Aussichtstempel Monopteros im Englischen

Garten in München sowie die Walhalla bei Regensburg. Bild rechts: Frühe Porträtaufnahme Klenzes (um 1860), nachträglich koloriert.

Franz Karl Leopold von Klenze (1784–1864) ist der Mann, der Münchens Gesicht prägte wie kein zweiter: Die klassizistische Umgestaltung der Stadt unter König Ludwig I., dessen Hofarchitekt er seit 1816 war, ist in erster Linie Klenzes Werk.

Bei einem Spaziergang durch München kann man einen Großteil seines Lebenswerks erwandern: Leo von Klenze, geboren am 29. Februar 1784 bei Schladen, gestorben am 27. Januar 1864 in München, schuf den Königsplatz mit den Propyläen und am Nordrand des Platzes die Glyptothek. Er plante die Ludwigstraße und gab ihr ihr heutiges Gesicht, das von der Staatsbibliothek, der Universität, dem Landwirtschaftsministerium und anderen Fassaden geprägt wird, er baute die Alte Pinakothek und die Ruhmeshalle auf der Theresienhöhe, gestaltete die moderneren Teile der Residenz (vor allem die Allerheiligen-Hofkirche), arbeitete am Wiederaufbau des Nationaltheaters mit und verzierte den Hügel im Englischen Garten mit dem Monopteros. Bevor er als Hofarchitekt Ludwigs I. seine Lebensstellung (und seinen Adelstitel) erlangte, war er von 1808 bis 1813 in Kassel Hofbaumeister Königs Jérôme Bonaparte von Westfalen gewesen und hatte sich schon dort mit dem Ballhaus, einem kleinen Theaterbau, als Architekt beweisen können. Klenze war auch Schriftsteller und Essayist und ein erfolgreicher Landschaftsmaler, dessen Bilder sich durch präzise Details, raffinierte Komposition und einen ausgefeilten Umgang mit Licht und Schatten auszeichnen. Seine bekanntesten Werke außerhalb Münchens sind die Walhalla bei Regensburg und die Befreiungshalle in Kelheim, außerdem die Neue Eremitage in St. Petersburg sowie die Dionysos-Kirche in Athen. Er liegt auf dem Münchener Südfriedhof begraben.

Die von König Ludwig I. in Auftrag gegebene Befreiungshalle thront auf einem Hügel über der Donau bei Kelheim. Die Gedenkstätte erinnert an die Befreiungskriege gegen Napoleon 1813–1815. Sie wurde von Friedrich Gärtner begonnen und 1863 von Klenze nach geänderten Plänen vollendet. Im Innenraum reichen sich 34 Siegesgöttinnen aus weißem Carrara-Marmor (entworfen von Ludwig Schwanthaler)

zu einem feierlichen Reigen die Hände. 18 Kolossalstatuen, die die deutschen Volksstämme symbolisieren, schmücken die Pfeiler der Außenfassade (kleines Bild).

Eine frühe bildliche Darstellung der Kneippschen Anwendungen »Blitzguss«, »Knieguss« und »Oberguss« (großes Bild). Der kolorierte Holzstich entstand nach einer Zeichnung Fritz Gehrkes aus dem Jahr 1890.

Untere Bildleiste, von links: Im Kurort Bad Wörishofen weiß man, was man Kneipp zu verdanken hat. Daher steht sein Andenken dort hoch im Kurs, z. B. im gut ausgestatte-

ten Kneipp-Museum oder im Kurpark, wo Kneipp an prominenter Stelle mit einem Denkmal mit Wasserspielen geehrt wird. Bild rechts: kolorierte Porträtaufnahme von 1895.

Sebastian Kneipp (1821–1897) ist als der »Wasserdoktor« bekannt, der Mann der kalten Duschen und der hochgekrempelten Hosenbeine. Dabei war der medizinische Autodidakt aus dem bayerischen Schwaben viel mehr als nur der Begründer und Vertreter einer speziellen Kurform.

Kneipp propagierte und verwirklichte vieles, was man heute vielleicht als »ganzheitliche Lebensweise« bezeichnen würde: Bewegung an frischer Luft, gesunde und ausgewogene Ernährung, innere Ruhe, aber auch Fürsorge für Menschen, denen es schlechter geht. Zudem ist er ein bemerkenswertes Beispiel für Bodenständigkeit: Sein ganzes Leben spielte sich in einem nicht mehr als 100 Kilometer großen Umkreis um seine Heimat ab. Geboren in ärmlichsten Verhältnissen in Stephansried bei Memmingen, musste er schon als Kind am Webstuhl oder als Hirte arbeiten. Seine Schulausbildung zog sich aus diesem Grunde in die Länge. Erst mit 21 Jahren gelang es ihm, am Gymnasium zugelassen zu werden und anschließend auf das ersehnte Priesterseminar zu gehen. 1849 erkrankte er schwer an Tuberkulose und heilte sich selbst mithilfe eines Buches des schlesischen Arztes Johann Siegmund Hahn. Dieses Erlebnis brachte die Wende: Obwohl er weiter die Priesterlaufbahn verfolgte, beschäftigte Kneipp sich zunehmend mit der Heilkraft des Wassers. Als er 1855 an ein Kloster in Wörishofen versetzt wurde, baute er dort massiv die Landwirtschaft aus und behandelte nebenbei mehrere Menschen, was ihm einige Prozesse wegen Kurpfuscherei einbrachte. Doch der Erfolg seiner Methoden gab ihm letzten Endes Recht. Und nur durch ihn wird Wörishofen zu dem bekannten Kurort, der es heute noch ist.

Die Sonderbriefmarke mit dem Titel »100 Jahre Nobelpreis – Robert Koch« kam 2005 auf den Markt (großes Bild). Robert Koch erhielt 1905 für seine Forschungen und Entdeckungen im Bereich der Tuberkulose den Nobelpreis.

Kleines Bild unten: Eingang des Robert-Koch-Institutes in Berlin-Wedding. Das Institut ist die zentrale Einrichtung der Bundesregierung auf dem Gebiet der Krankheitsüberwachung

und -prävention. Seine Kernaufgaben sind die Erkennung, Verhütung und Bekämpfung von Krankheiten, insbesondere der Infektionskrankheiten.

Heute weiß jedes Kind, dass Bakterien Krankheiten verursachen können. Zu Zeiten Robert Kochs (1843–1910) war das eine revolutionäre Erkenntnis – und aus den Abertausenden verschiedener Mikroben die herauszufinden, die eine Krankheit verursachen, schien erst recht unmöglich. Doch Robert Koch gelang dies und legte so die wissenschaftlichen Grundlagen für die Bakteriologie.

Geboren als Sohn eines Bergbauingenieurs in Clausthal im Harz, zeigte Robert Koch schon früh Interesse für die Natur. Er studierte Naturwissenschaften und Medizin in Göttingen, wo sein Lehrer Jacob Henle schon damals überzeugt war, dass Mikroben bestimmte Krankheiten verursachen; aber das ließ sich noch nicht beweisen. 1872 wurde Koch Amtsarzt, nebenher forschte er auf eigene Faust. Mit Erfolg: 1876 gelang ihm die Isolierung des Milzbranderregers, der später Bacillus anthrancis genannt wurde. Das war der erste Beweis dafür, dass es tatsächlich winzig kleine Lebewesen sind, eben Mikroben, die gefürchtete Krankheiten verursachen. Nach einer Veröffentlichung zur Systematik der Wundinfektionskrankheiten wurde Koch als Professor an das kaiserliche Gesundheitsamt Berlin berufen. Dort entdeckte er den Tuberkulose-Erreger – was enormes Aufsehen erregte, starben an der Schwindsucht doch jährlich Zehntausende. Seine Verkündung jedoch, er habe ein Heilmittel entwickelt, erwies sich als voreilig: An dem als Gegenmittel gepriesenen Tuberkulin starben die Menschen auch, was seiner Karriere keinen Abbruch tat. Er fuhr nach Ägypten und Indien, Südafrika und Australien, erforschte die Malaria und die Pest, die Schlafkrankheit und die Amöbenruhr. 1905 erhielt Robert Koch für seine Forschung zur Tuberkulose den Nobelpreis.

Eindrucksvoll, aber nicht unumstritten: Im ansonsten leeren Innenraum der Neuen Wache in Berlin steht die – gegenüber dem Original etwas vergrößerte – Kollwitz-Statue »Mutter mit totem Sohn« (großes Bild).

Linke Bildleiste, von oben: Das Sterbehaus der Künstlerin in Moritzburg bei Dresden beherbergt seit 1995 eine Kollwitz-Gedenkstätte. Die größte Sammlung ihrer Werke

Käthe Kollwitz

beherbergt das Käthe-Kollwitz-Museum in Köln. Hier kann man das vollständige plastische Werk, alle Plakate sowie fast 700 Zeichnungen und Druckgrafiken besichtigen.

»Nie wieder Krieg« hieß eines der berühmtesten Plakate von Käthe Kollwitz (1867–1945). Die ostpreußische Künstlerin ist die wichtigste deutsche Grafikerin des 20. Jahrhunderts. Neben Lithografien, Radierungen und Holzschnitten schuf sie aber auch beeindruckende Skulpturen.

Schlagartig bekannt wurde Käthe Kollwitz 1898 mit ihrem ersten Radierzyklus »Ein Weberaufstand«, den sie nach Gerhart Hauptmanns sozialem Drama »Die Weber« geschaffen hatte. Mit dem grauen Alltag der Fabrikarbeiter und der Not der Unterdrückten beschäftigte sie sich ein Leben lang. Nachdem im Ersten Weltkrieg ihr Sohn Peter gefallen war, kamen Krieg und Tod als dominierende Themen hinzu. Sie gehörte zu jenen Künstlern der Berliner Secession, deren Werke Kaiser Wilhelm II. als »Rinnsteinkunst« abkanzelte. Auch den Nationalsozialisten passten die beeindruckenden Dokumente menschlicher Verzweiflung nicht. Sie wollten keine verzweifelten Mütter sehen, die ihre Söhne vor dem Krieg zu schützen suchen, keine Eltern, die um den toten Sohn trauerten. Sie verhinderten Ausstellungen und beschlagnahmten ihre Werke. 1933 zwangen sie Käthe Kollwitz, aus der Preußischen Akademie der Künste auszutreten, in die sie 1919 als erste Frau aufgenommen worden war. Zweimal stellte sie in der Sowjetunion aus. Eine strikte Kommunistin war sie aber nicht. 1927 sagte sie: »Manchmal weiß ich nicht, ob ich überhaupt Sozialist bin oder nicht vielmehr Demokrat.« Keine Zweifel hegte sie aber an ihrer Pflicht, den Finger in die Wunden der Zeit zu legen – ganz im Geist des sozialistischen Realismus: »Ich bin einverstanden, dass meine Kunst Zwecke hat. Ich will wirken in dieser Zeit, in der die Menschen so ratlos und hilfsbedürftig sind.«

Büste Kopernikus' im Frauenburger (Fromborker) Dom in Polen, wo sein Leichnam 1543 beigesetzt worden sein soll (großes Bild). Im Jahr 2005 fand man bei Grabungen dort den Schädel des Astronomen.

Obere Bildleiste, von links: Das heliozentrische Planetensystem des Kopernikus auf einem Kupferstich von 1660. Eine Kopernikus-Statue steht vor dem Rathaus in seinem pol-

nischen Geburtsort Thorn. In einem Wehrturm beim Frauenburger Dom hatte sich Kopernikus ein Observatorium eingerichtet. Bild rechts: Porträt Kopernikus' von 1575.

Mit seinem Namen ist eine der größten Entwicklungen der Wissenschaft überhaupt verbunden, die »kopernikanische Wende«. Denn Nikolaus Kopernikus (1473–1543) formulierte die Einsicht, dass die Erde sich um die Sonne dreht und nicht umgekehrt.

Doch der Mann, der als Nicolai Koppernigk im polnischen Thorn geboren wurde und seinen Namen später latinisierte, hätte diesen Umschwung allein sicher nicht geschafft: Er wusste, dass die Sonne im Mittelpunkt steht, aber er konnte es nicht beweisen. Erst mehr als ein halbes Jahrhundert nach seinem Tod verhalfen Galileo Galilei und Johannes Kepler der neuen Sichtweise zum Durchbruch. Ob Kopernikus Pole oder Deutscher war, ist eine häufig diskutierte Frage, die sich nicht eindeutig beantworten lässt. Er studierte 15 Jahre lang in Krakau, Bologna, Ferrara und Padua, unter anderem Mathematik, Astronomie, alte Sprachen, Kirchenrecht und Medizin. Zurück in Polen, wurde er durch Beziehungen zum Kanzler des Ermländer Domkapitels (Ostpreußen) ernannt – eine Verwaltungsaufgabe mit politischen, militärischen, kirchlichen und medizinischen Aspekten. Geschickt lavierte er im Spannungsfeld zwischen dem an Macht verlierenden Deutschen Orden, dem Königreich Polen und dem aufstrebenden Kurfürstentum Preußen. Seine astronomischen Studien betrieb er nebenbei. Durch Beobachtungen und Überlegungen festigte er seine Überzeugung, dass die Planeten, unter ihnen die Erde, die Sonne umrunden. Diese Erkenntnisse ließ er zunächst nur in Gelehrtenkreisen zirkulieren. Erst kurz vor seinem Tod entschloss er sich, sein Hauptwerk »De revolutionibus orbium coelestium« (Über die Kreisbewegungen der Himmelskörper) zu veröffentlichen. Er starb am 24. Mai 1543 an einem Schlaganfall.

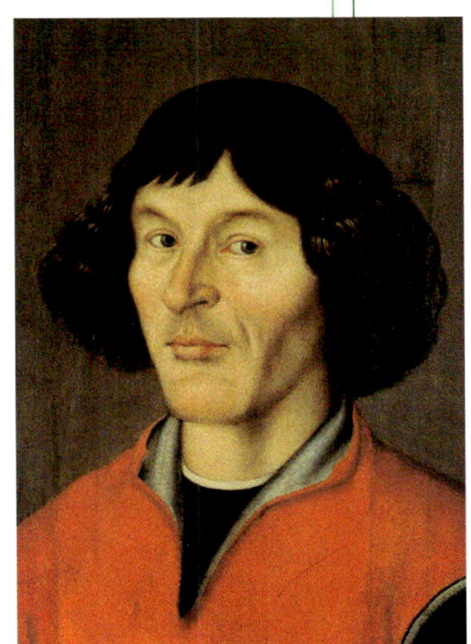

Park und Hauptgebäude der Villa Hügel in Essen (großes Bild). Die Anlage wurde 1873 nach Plänen Alfred Krupps fertig gestellt. Heute finden hier regelmäßig Ausstellungen statt, daneben sind einige Privaträume zu besichtigen.

Untere Bildleiste, von links: Neben Ausstellungen werden im großen Saal der Villa Hügel auch Konzerte ausgerichtet. Dokumente in Hülle und Fülle finden sich in der Stahl-

kammer des Historischen Archivs Krupp im Keller der Villa. Die Aufarbeitung sowohl der hellen als auch der dunklen Kapitel der Firmengeschichte steht hier im Vordergrund.

Der Name Alfred Krupp (1812–1887) steht wie kein anderer für Stahl und Kanonen, für die Industrialisierung, aber auch die Militarisierung Deutschlands in der Gründerzeit.

In der langen Dynastie der Familie Krupp, die seit dem 16. Jahrhundert in Essen ansässig war, war Alfred Krupp derjenige, der dem Familienbetrieb den größten Aufschwung gab: von einer kleinen Gussstahlfabrik zum seinerzeit größten Industrieunternehmen Europas. Als Alfred 14 war, starb sein Vater Friedrich. Der Sohn brach die Schule ab, erlernte das Guss- und Schmiedehandwerk und führte mit der Mutter die Firma. Doch das Unternehmen war verschuldet und lief schlecht. Krupp versuchte alles Mögliche, produzierte Münzstempel, Besteck, Handwerksgeräte und einfache Waffen, alles aus Stahl. Schließlich kam der Aufschwung, allerdings nur allmählich: durch den Ausbau der Eisenbahn, für die man Achsen und Schienen benötigte, vor allem aber durch die nahtlosen Eisenbahnreifen, die Krupp 1853 erfunden hatte. Nach langer Experimentierphase reüssierte die Firma zunehmend durch die Produktion von Kanonen und anderen Waffen. Die Kruppschen Stahlkanonen waren denen bis dahin verwendeten aus Bronze weit überlegen, was sich im Deutsch-Dänischen und im Deutsch-Französischen Krieg 1870/1871 entscheidend auswirkte. Das Unternehmen, das 1830 noch 60 Mitarbeiter zählte und um 1850 rund 1000, wuchs Ende der 1880er-Jahre auf 20 000 Menschen an. Von seinen Mitarbeitern erwartete Krupp Loyalität, dafür bot er ihnen eine weitreichende Fürsorge wie Krankenversicherung und Rente. Krupp starb 1887. Sein Sohn Friedrich übernahm die Firma und führte sie ins 20. Jahrhundert, in dem die Rolle als Waffenlieferant des Reiches schreckliche Folgen haben sollte.

Mit der Wuppertaler Schwebebahn kann man sich bequem auf die Spurensuche von Else Lasker-Schüler begeben (großes Bild). So erreicht man mit ihr z. B. das Geburtshaus der Dichterin in der Herzogstraße in Wuppertal-Elberfeld oder das von Stephan Huber geschaffene Denkmal am Kasinokreisel. In der Kolpingstraße befindet sich das Else-Lasker-Schüler-Archiv, in dem nach dem Zweiten Weltkrieg

umfangreiches Material über die Dichterin zusammengetragen wurde. Kleines Bild unten: »Der Schlangenanbeter auf dem Marktplatz von Theben«, eine Collage von 1910.

Sie war ein Star der Berliner Boheme, extravagant und exotisch, trug weite Hosen und kurze Haare oder verkleidete sich als Prinz: Else Lasker-Schüler (1869–1945), expressionistische Dichterin. Gottfried Benn sagte von ihr, sie sei »die größte Lyrikerin, die Deutschland je hatte«.

Sie hinterließ nicht nur ein großes literarisches Werk, sie illustrierte auch einige ihrer Bücher selbst, zeichnete und malte. In Wuppertal-Elberfeld geboren, jüdischer Herkunft, als Lyrikerin geschätzt, bekam Else Lasker-Schüler 1932 den Kleist-Preis, was die Nationalsozialisten bereits scharf kritisierten. Liebeslyrik nimmt in ihrem ungemein facettenreichen Werk einen breiten Raum ein, ebenso religiös-mystische Gedichte. Sie neigte zu grandioser Selbstinszenierung, etwa als Prinz von Theben; sie jonglierte sowohl im Leben als auch im Schreiben mit Fakten und Fiktion, spielte mit Namen und Daten, reicherte ihre Biografie (und die Geschichte ihrer Familie) mit fantastischen Legenden an, so dass sie selbst im exaltierten Berlin der 20er-Jahre als Paradiesvogel galt. Künstler wie Gottfried Benn, Georg Trakl und Franz Marc verehrten sie wie eine Königin; von den Bürgern dagegen wurde sie als zweifach geschiedene, immer in Geldnöten lebende Vagabundin verachtet und verspottet. 1933 musste sie nach Angriffen auf offener Straße in die Schweiz fliehen. Doch auch dort machten ihr die Behörden das Leben schwer, erteilten ihr Arbeitsverbot, ließen sie bespitzeln und verweigerten ihr nach ihrer dritten Palästinareise 1939 schließlich die erneute Einreise. Als sie am 23. Januar 1945 in Jerusalem auf dem Ölberg beigesetzt wurde, hatte ein wildes, ungeheuer kreatives, unkonventionelles Leben seinen Abschluss gefunden.

Über das 112 Hektar große Dessau-Wörlitzer Gartenreich, das nach insgesamt 35 Jahren Arbeit 1800 vollendet wurde, finden sich zahlreiche Kulissenbauten verstreut, so z. B. Schloss Wörlitz (großes Bild und zwei Bilder unten rechts).

In seiner harmonischen Verbindung von englischer Gartenlandschaft mit vorwiegend klassizistischen Bauten und Denkmälern spiegeln sie die künstlerischen und philosophischen

Leitvorstellungen des ausgehenden 18. Jahrhunderts wider. Kleines Bild unten links: Das Gotische Haus wurde ab 1773 im neugotischen Stil errichtet.

Als Herrscher war er unbedeutend, aber er hat ein erstaunliches Erbe hinterlassen: Leopold III., Fürst von Anhalt-Dessau (1740–1817). Sein Dessau-Wörlitzer Gartenreich, Teil des UNESCO-Welterbes, enthält nicht nur mehrere Schlösser, großartige Parks und den ältesten Englischen Garten außerhalb Englands – es ist ein landschaftlich-politisches Gesamtkunstwerk.

Der junge Fürst, der als Elfjähriger verwaist war und von seinem Onkel erzogen wurde, kämpfte noch als Jugendlicher an der Seite der Preußen im Siebenjährigen Krieg mit. Bereits seine erste Schlacht widerte ihn dermaßen an, dass er aus der preußischen Armee austrat und kurz darauf, als er 18-jährig die Regierung des Fürstentums übernommen hatte, sich gegenüber Preußen als neutral erklärte – ein enorm mutiger Schritt, für den er erhebliche Strafzahlungen zu leisten hatte. Doch er war zu stark von den Ideen der Aufklärung und des Humanismus fasziniert, als dass er in einem Militärstaat glücklich geworden wäre. Mit seinem langjährigen Freund, dem Architekten Friedrich Wilhelm von Erdmannsdorff, reiste er durch halb Europa auf der Suche nach Ideen, die sie zu Hause umsetzen könnten. Besonders England und dessen Ablehnung des französischen Absolutismus hatten es ihnen angetan. Gemeinsam gestalteten sie den Wörlitzer Park im englischen Stil um, öffneten ihn für das Volk, bauten ein Schloss im klassizistischen Stil, führten neue landwirtschaftliche Verfahren, wie die Fruchtwechselwirtschaft, ein und legten Musterbetriebe zur Versorgung der Bevölkerung an. Johann Wolfgang von Goethe schaute mehrmals vorbei und war begeistert. Fürst Leopold III. starb 1817 nach einem Reitunfall; sein Musterländle ist schöner denn je.

Heute ist die Herzog-August-Bibliothek in Wolfenbüttel – die Wirkungsstätte Lessings von 1770 bis zu seinem Tod 1781 – eine der schönsten und wichtigsten historischen Bibliotheken Deutschlands (großes Bild).

Rechte Bildleiste, von oben: Eine Lessing-Statue im Lessing-Museum in Kamenz, dem Geburtsort des Dichters. Im Lessing-Haus in Wolfenbüttel entstand »Nathan der Weise«.

Gotthold Ephraim Lessing

Erstausgabe eines Lessing'schen Werkes von 1778. Klaus Maria Brandauer und Klaus Pohl in »Nathan der Weise«. Bild rechts: Lessing-Porträt von A. Graff (1771).

Gäbe es lediglich seine Theaterstücke, wäre Gotthold Ephraim Lessing (1729–1781) vielleicht nur noch Spezialisten bekannt. Aber Dichtung war für ihn niemals nur Selbstzweck – und das machte ihn zum Theoretiker der Literatur und des Theaters, zum Philosophen, zum Kämpfer gegen die Intoleranz, zum Vordenker des Bürgertums, kurz: zu einem der größten deutschen Aufklärer.

Geboren als Sohn eines protestantischen Pastors aus der Oberlausitz, begann Gotthold Ephraim Lessing nach der Lateinschule in Leipzig Theologie zu studieren, ging aber bereits zwei Jahre später nach Berlin, wo er als Übersetzer, Rezensent und Redakteur arbeitete sowie Gedichte und Theaterstücke schrieb. In dieser Zeit begegnete er Voltaire. Auf Drängen seines Vaters ging er für kurze Zeit nach Wittenberg, um dort sein Studium abzuschließen, kehrte aber bald nach Berlin zurück, wo er unter anderem den Schriftsteller und Verleger Friedrich Nicolai und den Philosophen Moses Mendelssohn kennen lernte. Es folgte eine unruhige Zeit mit Stationen in Breslau, erneut in Berlin, als Dramaturg in Hamburg, bevor er 1770 eine Festanstellung als Bibliothekar an der Herzog-August-Bibliothek in Wolfenbüttel erhielt. 1772 kam »Emilia Galotti« heraus, bereits 1763 war »Minna von Barnhelm« erschienen. Seine wichtigsten Schriften entstanden gegen Ende seines Lebens: das religionsphilosophische Hauptwerk »Die Erziehung des Menschengeschlechts« (1780) und das Religionsdrama »Nathan der Weise« (1779). Beide Texte, die auch Lessing selber als sich ergänzende Schriften ansah, sind wegen ihrer tiefgründigen Auseinandersetzung mit dem Wahrheitsanspruch der Religionen und ihrem Beharren auf der Toleranz gerade heute hochaktuell.

Modell eines Doppeldecker-Gleiters im Otto-Lilienthal-Museum in Anklam, wo der Flugpionier 1848 geboren wurde (großes Bild). Die Sammlung enthält Modelle und Repliken aller Fluggleiter, die Lilienthal konstruiert hat.

Kleines Bild unten: Otto Lilienthal testete alle seine Gleiter im Selbstversuch. Ihm gelangen die ersten reproduzierbaren Gleitflüge der Luftfahrtgeschichte. Sein Mut kostete ihn 1896

das Leben, als er bei einem Flug tödlich verunglückte. Seine Methode wurde jedoch von Flugpionieren in aller Welt übernommen. Bild rechts: Lilienthal im Alter von etwa 40 Jahren.

Das Flügelschlagen übte er schon als Jugendlicher. Gemeinsam mit seinem Bruder Gustav bastelte Otto Lilienthal (1848–1896) Flügel aus Buchenspanbrettern, und dann liefen die beiden – nachts, um nicht den Spott der anderen auf sich zu ziehen – einen kleinen Hügel herunter und versuchten abzuheben.

Ähnliches hatten vorher schon viele probiert. Doch keiner verfolgte die Idee so hartnäckig wie der 1848 in Anklam in Pommern geborene Otto Lilienthal. Er beobachtete den Flug der Vögel, stellte Berechnungen an und machte über 1000 Flugversuche. Damit wurde er zum Begründer der Aerodynamik und der modernen Luftfahrt. Nach dem Ingenieursstudium hatte er sich zunächst nicht sehr erfolgreich als Erfinder versucht. 1881 aber erhielt er das Patent für den Schlangenrohrkessel, einen explosionssicheren Dampfkessel, der sich gut verkaufte. Die kleine Werkstatt in Berlin wuchs zu einem Betrieb mit etwa 60 Mitarbeitern heran. Ab 1894 entstand hier auch der auf dem Tragflügelprinzip beruhende »Normalsegelapparat«, von dem mindestens 21 Stück gebaut wurden. In seiner Unternehmensführung war Lilienthal sehr modern. Schon 1890 beteiligte er die Arbeiter am Gewinn. Bis zum Ersten Weltkrieg hielt sich die »Dampfkessel- und Maschinenfabrik Otto Lilienthal«. Sein Hauptwerk aber blieben die Flugapparate. Um seine Konstruktionen ausprobieren zu können, ließ er in Berlin-Lichterfelde auf eigene Kosten einen 15 Meter hohen Hügel aufschütten, der bald als Fliegerberg bekannt wurde. Doch schließlich wurde ihm seine Flugleidenschaft zum Verhängnis: Bei einem seiner Versuche stürzte er aufgrund eines Thermikabrisses aus 20 Metern Höhe ab, brach sich das Rückgrat und starb am Tag darauf. Er war erst 48 Jahre alt.

Der aufwändig verzierte Thronsaal in Schloss Neuschwanstein erinnert an einen byzantinischen Kirchenraum. Die Bilder dagegen geben nicht nur christliche, sondern auch heidnische Motive wieder (großes Bild).

Rechte Bildleiste, von oben: Schloss Linderhof entstand von 1868 bis 1886 und ist der einzige Schlossbau, den Ludwig II. vollenden konnte. Das Märchenschloss Neuschwanstein

Ludwig II.

bei Füssen. Der Spiegelsaal im Versailles nachempfundenen Schloss Herrenchiemsee. Im Starnberger See ertrank der König 1886. Bild rechts: Gemälde von Ferdinand Piloty.

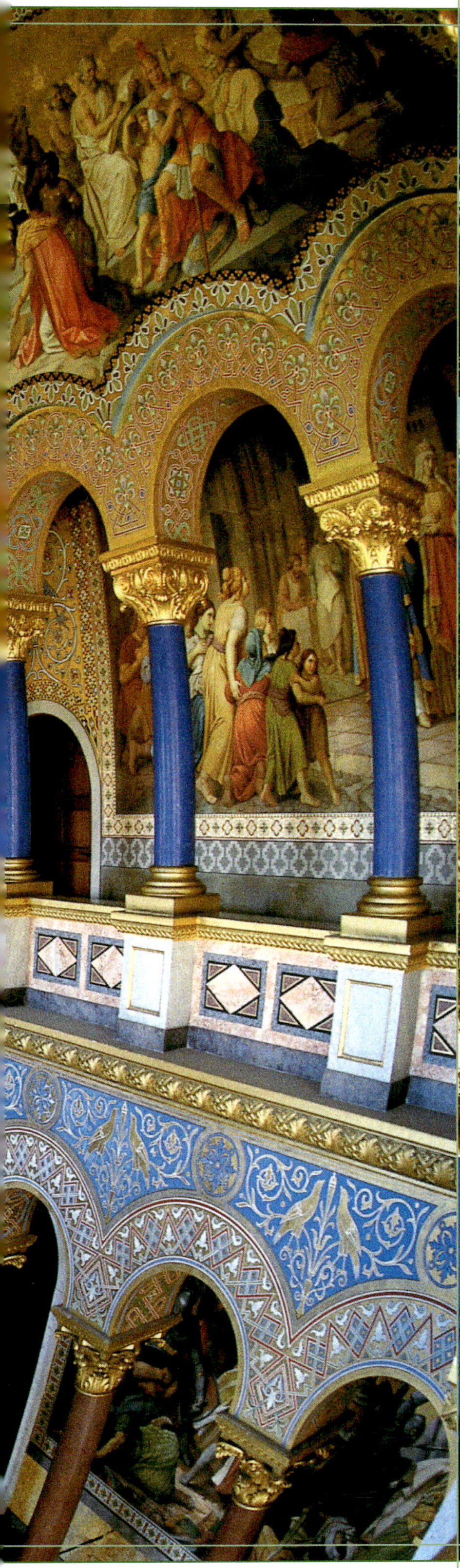

Millionen Touristen können nicht irren: Niemand hat schönere Schlösser gebaut als König Ludwig II. (1845–1886) von Bayern. Neuschwanstein ist der Inbegriff eines Märchenschlosses, Herrenchiemsee die eigenständige Variation von Versailles, Linderhof ein Musterbeispiel eines Lust- und Jagdschlosses.

Nicht zu vergessen ist auch das Festspielhaus in Bayreuth, diesen kuriosen Musiktempel, der auf seine Art einzigartig in der Welt ist und den Ludwig II. dem verehrten Richard Wagner »schenkte«. Ein Teil der Faszination für Ludwig II. rührt sicher daher, dass er als König eine absolute Fehlbesetzung war. Nichts, abgesehen vom Militär, war ihm unangenehmer als das Regieren, nichts lag ihm ferner als Machtausübung. Er kam 1845 als Sohn des Kronprinzen Maximilian zur Welt und wurde im Alter von drei Jahren, als sein Vater König wurde, selber Kronprinz. Mit 18 Jahren bestieg er den bayerischen Thron. Von Anfang an lief die große Politik an ihm vorbei: der Krieg gegen Preußen an der Seite der Österreicher; dann mit Preußen gegen Frankreich; Otto von Bismarcks Reichsgründung, zu der er sich die Zustimmung erkaufen ließ, um seine Schlösser weiterbauen zu können. Selbst seiner Entmündigung, die schon Monate vor seinem ungeklärten Tod im Starnberger See abzusehen war, widersetzte er sich kaum. Schwer zu sagen, ob er jemals glücklich war – vielleicht, wenn er sich im Schwanenboot durch die künstliche Grotte in Linderhof treiben ließ oder wenn er allein für sich ein komplettes Orchester eine Wagner-Oper spielen ließ, z. B. den »Tannhäuser« ... Mit seinen herrlich gelegenen Traumschlössern aber er hat Dinge hinterlassen, die andere Menschen faszinieren und glücklich machen. Er könnte stolz sein.

Die Venusgrotte bei Schloss Linderhof ist der gleichnamigen Höhle aus der Wagner-Oper »Tannhäuser« nachempfunden. Die Höhlenwände sind eine mit Stoff bespannte und mit Zement bedeckte Eisenkonstruktion (großes Bild).

Kleines Bild links: Ludwig II. liebte Ausfahrten durch die verschneite Berglandschaft. Nächtliche »Schlittenfahrt König Ludwigs II.« auf einem Bild des Malers Rudolf Wenig

(1885/1886). So romantisch, wie es aussieht, war die Fahrt aber nicht: Der Schlitten soll das erste Gefährt mit einer elektrischen Beleuchtung gewesen sein.

Auf dem Marktplatz der Stadt Wittenberg, in der Luther lange Zeit lebte, steht das Luther-Denkmal, das 1821 enthüllt wurde. Im Hintergrund befindet sich die Kirche St. Marien, links das Renaissance-Rathaus (großes Bild).

Rechte Bildleiste, von oben: Der Turm der Schlosskirche ragt über die mittelalterliche Altstadt von Wittenberg. An die Tür der Schlosskirche soll Luther 1517 seine 95 The-

Martin Luther

sen geheftet haben. Heute bezweifeln die Historiker das allerdings. Bild rechts: Lukas Cranach d. Ä., ebenfalls Bürger Wittenbergs, porträtierte Luther 1529.

Er ist die herausragende Figur des 16. Jahrhunderts, der Mann, der die politische und kulturelle Landschaft auf lange Zeit veränderte: Martin Luther (1483–1546). Seine Sprachkraft, sein unbeugsamer Glaube, sein moralischer Furor und nicht zuletzt seine markante Physiognomie beeindrucken bis heute.

Geboren und aufgewachsen im damals thüringischen Eisleben als Sohn eines Bergbauunternehmers, hatte er Philosophie studiert und ein Studium der Rechte begonnen. 1505 geriet der junge Mann in eine lebensgefährliche Situation und legte das Gelübde ab, ins Kloster zu gehen. Nach zwei Jahren bei den Augustinern wurde er zum Priester geweiht und bald nach Wittenberg versetzt, um dort Theologie zu studieren und zu lehren. Die Erfahrung einer Romreise und sein Suchen nach dem richtigen Verhältnis zu Gott führten ihn zu einer zunehmend kritischen Haltung gegenüber der Amtskirche. Luther prangerte alle Formen von Bigotterie an, besonders den Ablasshandel. Im so genannten »Turmzimmererlebnis« überkam ihn die Erkenntnis, dass die Gnade Gottes dem Einzelnen nur direkt zuteil werden kann und die kirchlichen Autoritäten dabei keine Rolle spielen. Durch Thesenpapiere, die er an Fachkollegen verteilte (ob er wirklich die berühmten 95 Thesen an der Wittenberger Schlosskirche anschlug, ist zweifelhaft), gewann sein Kampf an Schärfe. 1521 wurde er exkommuniziert und für vogelfrei erklärt. Sein Förderer, Kurfürst Friedrich der Weise, versteckte ihn auf der Wartburg, wo Martin Luther noch im selben Jahr das Neue Testament ins Deutsche übersetzte und damit zugleich zum einflussreichsten deutschen Sprachschöpfer wurde. Die Strahlkraft seiner Persönlichkeit war ein wichtiger Faktor am Beginn der Reformation.

Auf der Wartburg gewährte sein Gönner, Kurfürst Friedrich der Weise, Luther von 1521 bis 1522 Zuflucht (großes Bild). Innerhalb von nur elf Monaten übersetzte er hier das Neue Testament aus dem Griechischen ins Deutsche.

Untere Bildleiste, von links: Die Lutherstube auf der Wartburg gibt heute einen Einblick in die Einrichtung auf der spätmittelalterlichen Burg. Durch den Sängerkrieg (1206), aber

auch durch Luther und die studentische Demokratiebewegung auf dem Wartburgfest (1817) ist die Anlage auf einzigartige Weise mit der deutschen Geschichte verknüpft.

Das Signet der Volksbühne am Rosa-Luxemburg-Platz in Berlin (großes Bild). Inzwischen wird die Aufstellung eines Luxemburg-Denkmals auf dem Platz für die sozialistische Vorkämpferin diskutiert.

Kleines Bild links: Vor der Rosa-Luxemburg-Stiftung am Franz-Mehring-Platz in Berlin-Friedrichshain gibt es bereits ein Rosa-Luxemburg-Denkmal. Die Skulptur schuf Rolf

Biebl, die Marmorreliefs stammen von der Künstlerin Ingeborg Hunzinger. Bild rechts: Rosa Luxemburg auf einer undatierten Fotografie (etwa 1910–1919).

»Freiheit ist immer die Freiheit des Andersdenkenden.« Ein Satz wie für die Ewigkeit – und vielleicht das wichtigste politische Vermächtnis der polnisch-deutschen Sozialistin, Pazifistin und Demokratin Rosa Luxemburg (1871–1919).

Bereits im Gymnasium engagierte sie sich in der polnischen Linkspartei »Proletariat«. Als ihr deswegen Gefängnis drohte, floh sie direkt nach dem Abitur in die Schweiz. In Zürich studierte sie Philosophie, Geschichte, Politik, Ökonomie und Mathematik und promovierte 1897 über Polens industrielle Entwicklung. 1898 kam sie nach Berlin, trat in die SPD ein und begann eine intensive Auseinandersetzung um den rechten Weg in eine sozialistische, gerechte und vor allem friedliche Gesellschaft. Rosa Luxemburg stritt mit Parteigenossen um den Kurs der SPD, mit Lenin über die Diktatur des Proletariats und mit politischen Weggefährten wie Karl Liebknecht um das rechte revolutionäre Vorgehen in Deutschland, wurde wieder und wieder verhaftet, veröffentlichte Artikel und Bücher als marxistische Theoretikerin und rief zur Kriegsdienstverweigerung auf. Sie bekämpfte mit scharfer Rhetorik die Kompromissbereitschaft der SPD, die sich lediglich für Reformen und materiellen Wohlstand einsetzte, aber vom Ziel der marxistischen Revolution abrückte. Dass die SPD 1914 im Reichstag den Kriegskrediten zustimmte, empfand sie als kaum erträgliche persönliche Niederlage. Gemeinsam mit Liebknecht, der als einziger SPD-Abgeordneter den Krediten und damit dem Krieg seine Stimme verweigerte, gründete sie den Spartakusbund. Auch an der Gründung der KPD war sie beteiligt. Nach dem Scheitern des so genannten Spartakusaufstands wurde sie 1919 zusammen mit Liebknecht ermordet.

Das Innere des so genannten Buddenbrook-Hauses in Lübeck ist im Stil der Zeit am Ende des 19. Jahrhunderts eingerichtet und entführt den Besucher so in die Welt des nobelpreisprämierten Romangeschehens (großes Bild).

Bildleiste rechts, von oben: Im Buddenbrook-Haus lebte die Familie Mann fast 50 Jahre lang. Thomas Mann verarbeitete ihre Geschichte in seinem Debütroman »Die Budden-

brooks« kunstvoll zu einem Porträt der Gründerzeit. Thomas Mann in seinem Arbeitszimmer in München. Büsten der Brüder Thomas und Heinrich Mann im Buddenbrook-Haus.

Thomas Mann (1875–1955) war die vielleicht eindrucksvollste Verkörperung des »Großschriftstellers«, die Deutschland im 20. Jahrhundert erlebt hat, und zudem Sinnbild für jenen moralisch integren Teil des Bürgertums, der sich in klarer Gegnerschaft zu den Nationalsozialisten befand.

Thomas Mann wurde 1875 als Sohn einer Lübecker Kaufmannsfamilie geboren. Im Jahr 1895 begann er ein Studium an der Technischen Hochschule in München, 1898 wurde er Lektor der Zeitschrift »Simplicissimus« und veröffentlichte von da an unaufhörlich Erzählungen, Novellen und Romane. Bereits 1901 erschien der großangelegte Familienroman »Buddenbrooks«, für den Mann 1929 den Nobelpreis erhalten sollte. 1905 heiratete er die reiche Bankierstochter Katja Pringsheim. Mit ihr hatte er fünf Kinder, von denen Erika, Klaus und Golo selbst wiederum berühmt wurden. Seine Erzählung »Der Tod in Venedig« erregte 1912 wegen ihrer homoerotischen Anspielungen großes Aufsehen. 1924 erschien das Meisterwerk »Der Zauberberg«, ein weit ausholender Zeit- und Bildungsroman. 1933 ging die Familie ins Exil. Drei Jahre später wurde Thomas Mann die deutsche Staatsbürgerschaft entzogen und sein Vermögen beschlagnahmt. Über die Schweiz und Südfrankreich kamen die Manns 1941 nach Amerika, wo der Schriftsteller 1944 die US-Staatsbürgerschaft erhielt und zur Stimme des deutschen Exils wurde. In über 60 monatlichen Radioreden in der BBC prangerte Mann die Barbarei des Nationalsozialismus an. 1947 erschien der Roman »Doktor Faustus« und 1954 sein letzter großer Erfolg, »Bekenntnisse des Hochstaplers Felix Krull«. Ab 1951 lebte Thomas Mann in Kilchberg am Zürichsee, wo er 1955 einem Herzinfarkt erlag.

Die Inschrift mit einem Zitat von Karl Marx in der Berliner Humboldt-Universität zeigt, warum seine Theorien so große politische Sprengkraft besaßen: Die Aktion war ihm wichtiger als die reine Interpretation (großes Bild).

Rechte Bildleiste, von oben: Im Geburtshaus von Marx in Trier ist heute ein Museum eingerichtet. Im riesigen Lesesaal des London British Museum schrieb Marx große Teile von

Karl Marx

»Das Kapital«. Karl Marx und Friedrich Engels überlebensgroß auf dem Marx-Engels-Forum in Berlin. Marx-Verehrung auf dem Platz des Himmlischen Friedens in Peking.

Er war Philosoph und der wohl bedeutendste politische Denker des 19. Jahrhunderts, der der aufkommenden Arbeiterbewegung zu einer theoretischen Grundlage verhalf – Politiker war er aber eigentlich nicht: Karl Marx (1818–1883).

Dass sich auf die später »Marxismus« genannte Denkweise sozialistische und kommunistische Regimes in der ganzen Welt berufen und dabei die Ziele und Werte ihres Urhebers völlig unterschiedlich deuten sollten, dafür konnte er nichts. Seine in Trier beheimatete jüdische Familie war 1824 zum Protestantismus übergetreten, um dem Vater die Arbeit als Justizrat zu erhalten. Marx selbst, der als führender Kopf der Linkshegelianer galt, fand nach seiner Promotion 1841 keine akademische Anstellung und arbeitete deshalb als politischer Journalist in Köln, Paris und Brüssel. 1849 musste er schließlich nach London übersiedeln. Dort lebte er mit seiner Frau Jenny von Westphalen und drei Töchtern unter schwierigen wirtschaftlichen Verhältnissen im Exil, über Wasser gehalten durch die Zuwendungen seines Freundes und politischen Mitstreiters Friedrich Engels. Marx litt mit dem Alter zunehmend unter Gesundheitsproblemen, arbeitete aber bis zu seinem Tod 1883 weiter an seinem Werk, vor allem dem »Kapital«, einer umfassenden Kritik an der kapitalistischen Produktionsgesellschaft, deren vollständige Ausgabe Engels erst postum herausgeben konnte. Begraben ist Karl Marx auf dem Friedhof Highgate Cemetery in London. Die Kommunistische Partei Großbritanniens ließ dort 1854 einen Gedenkstein errichten. Er trägt als Inschrift die berühmte Losung, die Marx und Engels bereits 1848 in ihrem »Kommunistischen Manifest« niedergeschrieben hatten: »Arbeiter aller Länder, vereinigt euch!«

Mendelssohn-Bartholdy starb am 4. November 1847 in einem spätklassizistischen Bau in der Leipziger Goldschmidtstraße 12. Heute beherbergt das Mendelssohn-Haus ein Museum (großes Bild).

Linke Bildleiste, von oben: Das Arbeitszimmer vermittelt sehr anschaulich den früheren Eindruck der Räumlichkeiten, wie Mendelssohn sie in Leipzig bewohnte. Im Inneren des

Alten Rathauses in Leipzig ist das Mendelssohn-Zimmer sehenswert. Grabstätte der Mendelssohn-Familie auf dem Dreifaltigkeitsfriedhof in Berlin-Kreuzberg.

Er war ein Frühvollendeter, ein Wunderkind, das nicht nur virtuos Klavier und Violine spielen, sondern auch brillant komponieren und, in jugendlichem Alter, gestandene Orchester dirigieren konnte: Felix Mendelssohn-Bartholdy (1809–1847).

Aus einer wohlhabenden und hoch musikalischen jüdischen Familie stammend, schrieb er bereits als Zehnjähriger innerhalb eines Jahres mehrere Lieder, Orgelstücke und Klaviersonaten, ein Klaviertrio, eine Sonate für Violine und Klavier und einen kleinen dramatischen Dreiakter.

Sein Erfolg von Beginn an, sein unglaubliches Arbeitstempo und seine stetige Entwicklung waren atemberaubend. Oft bekam er Angebote aufgrund von Arbeiten, die für ihn zu diesem Zeitpunkt schon wieder überwundene Entwicklungsphasen darstellten. 1829 reiste er zum ersten Mal nach England, wo Felix Mendelssohn-Bartholdy sowohl als Solist als auch als Komponist triumphierte; es sollten noch viele weitere Tourneen in Großbritannien und dem übrigen Europa folgen. 1833 wurde er Generalmusikdirektor in Düsseldorf; 1835 übernahm er in Leipzig die Leitung der Gewandhauskonzerte und erhielt bereits im Jahr darauf die Ehrendoktorwürde. 1837 heiratete er Cécile Jeanrenaud aus Frankfurt, mit der er fünf Kinder hatte. Seine Familie war sein Hort der Sicherheit, denn trotz seiner Erfolge hatte er in Deutschland immer wieder mit antijüdischen Ressentiments zu kämpfen; da half auch die Tatsache nicht, dass er zum Christentum übergewechselt war. 1843 gründete er in Leipzig das Conservatorium, die erste deutsche Musikhochschule, und wurde mit 34 Jahren zum Ehrenbürger ernannt. Als er vier Jahre später starb, hinterließ er ein Werk, das andere in fünf Leben nicht geschafft hätten.

Großes Bild: Mit einer für ihre Zeit ungewöhnlichen Detailtreue widmete sich Maria Sibylla Merian der Tierwelt nicht nur ihrer Heimat, sondern auch fremder Länder, wie diese Abbildung eines Leguans aus Suriname in Südamerika zeigt.

Rechte Bildleiste, von oben: In Suriname entstand das Bild des Fledermausapfels und einer Gottesanbeterin. Eine Buchillustration Maria Sibylla Merians aus dem Jahr 1716

zeigt einen Frosch in verschiedenen Entwicklungsstadien sowie Insekten. Bild rechts: Maria Sibylla Merian auf einem Gemälde von 1679, Kunstmuseum Basel.

Die Leistung dieser Frau ist kaum zu ermessen. Maria Sibylla Merian (1647–1717) war eine der ersten Wissenschaftlerinnen, und sie war zugleich eine hervorragende Künstlerin. Eine Kombination von Gaben, die es so kaum je wieder gab.

Sie beschrieb als erste die Metamorphose der Insekten und stellte sie in überirdisch schönen und zugleich genauen Bildern dar. Als Tochter des Verlegers und Kupferstechers Matthäus Merian in Zeichen- und Drucktechnik ausgebildet, hatte sie schon als Jugendliche viel gemalt, sich aber auch für Insekten und andere Tiere interessiert – eine damals vollkommen ungewöhnliche Leidenschaft. 1680 erschien ihr »Neues Blumenbuch«, das viel Erfolg hatte. Wohl um ihrer zunehmend unglücklichen Ehe zu entfliehen, zog sie 1685 in eine pietistische Lebensgemeinschaft in Westfriesland. Dort sah sie um ersten Mal die schönen Schmetterlinge aus Suriname, wo die Gemeinschaft eine Missionskolonie unterhielt. In ihr reifte der Wunsch, die Tier- und Pflanzenwelt des tropischen Landes zu studieren. Doch erst 1699, mittlerweile in Amsterdam lebend, konnte sie ihn verwirklichen. Obwohl sie den Aufenthalt nach knapp zwei Jahren aus gesundheitlichen Gründen abbrechen musste, wurde er ein großer Erfolg. 1705 erschien das Buch »Metamorphosis Insectorum Surinamensium«. Forscher lobten das Werk, Kunstliebhaber bewunderten es. Das Abenteuer der kühnen Reise verstärkte ihren Ruhm. Sechs Pflanzen, neun Schmetterlinge und zwei Wanzenarten wurden nach ihr benannt. Und im Jahr 2006 nahm Deutschland das modernste Forschungsschiff der Welt in Dienst, das von oben bis unten mit einer High-Tech-Ausrüstung ausgestopft ist. Sein Name: »Maria S. Merian«.

Großes Bild: Sein letztes Großprojekt brachte Ludwig Mies van der Rohe wieder in seine Heimat Deutschland: Die Neue Nationalgalerie in Berlin ist ein lichtdurchfluteter Tempel der Kunst; davor die Plastik »Bogenschütze« von Henry Moore.

Kleines Bild links: Das Seagram Building in New York schuf Mies van der Rohe 1954 bis 1958, als er als Leiter der Architekturabteilung am Illinois Institute of Technology in

Chicago arbeitete. Seine Abteilung wurde »The New Bauhaus« genannt. Bild rechts: Das Foto zeigt Ludwig Mies van der Rohe im Alter von etwa 72 Jahren.

Ludwig Mies van der Rohe (1886–1969) ist einer der bedeutendsten deutschen Architekten der Moderne. Wie sein fast gleichaltriger Mitstreiter Walter Gropius steht er für den Aufbruch, den sich eine neue Generation von Architekten nach dem Ersten Weltkrieg auf die Fahnen geschrieben hatte: die Überwindung des Jugendstils und des wilhelminischen Erbes aus Nationalismus und Standesdünkel.

Ihre Bauten zeichnen sich durch klare Linien und einfache Formen aus, durch neuartige Konstruktionsprinzipien und durch moderne Materialien wie Glas, Stahl und Beton. Mies van der Rohes architektonische Formensprache wurde dabei zum Inbegriff des internationalen Stils der Moderne und prägte bis in die 1960er-Jahre weltweit das Baugeschehen. Mies van der Rohe war in Aachen als Steinmetz und an der Gewerbeschule ausgebildet worden, hatte als Stuckzeichner gearbeitet und ab 1908 im Büro von Peter Behrens in Berlin. 1912 machte er sich als Architekt selbstständig. 1927 leitete er den Bau der berühmten Weißenhofsiedlung in Stuttgart, bei der er auch als Architekt mit zwei Häusern vertreten war. Aufsehen erregte er 1929 mit dem deutschen Pavillon für die Weltaustellung in Barcelona, einem flachen, lichten Betonbau mit klaren, minimalistischen Formen. Ab 1930 bis zu seiner Auflösung 1933 leitete van der Rohe das Bauhaus. 1938 floh er vor den Nationalsozialisten und emigrierte in die USA. Dort leitete er fortan die Architekturabteilung am Illinois Institute of Technology in Chicago. Sogar ein Wettbewerb, der Mies van der Rohe Award for European Architecture, trägt seinen Namen. Sein bekanntestes Werk in Deutschland ist die Neue Nationalgalerie in Berlin (1965–1968), zugleich sein letztes großes Projekt.

Großes Bild: Eine Birkenallee in der Nähe der Künstlerkolonie Worpswede, in der Paula Modersohn-Becker seit 1898 immer wieder längere Zeit lebte. Die Künstler wollten hier abseits der Stadt ihr Verhältnis zur Natur neu definieren.

Rechte Bildleiste, von oben: »Mädchenbildnis« von 1905 im Von der Heydt-Museum in Wuppertal. »Mutter und Kind« von 1906/1907 im Museum am Ostwall in Dortmund.

Kleines Bild links: »Birken am Bach«, 1901. Bild rechts: die Büste der Malerin schuf die Bildhauerin Clara Rilke-Westhoff 1908, Paula Modersohn-Becker Museum in Bremen.

Ihre Kinderporträts sind unsentimental, ihre Bilder von Worpsweder Bäuerinnen ungeschönt, die bäuerliche Welt des Teufelsmoors erscheint unromantisch und erdnah. Paula Modersohn-Becker (1876–1907) ist eine der bedeutendsten deutschen Malerinnen: Sie steht an der Schwelle zur Moderne.

Kann man in ihren frühen Studien norddeutscher Moor- und Birkenlandschaften noch unschwer impressionistische Einflüsse erkennen, so ist ihr Hauptwerk dem frühen Expressionismus zuzuordnen. Modersohn-Becker lebte in der Künstlerkolonie Worpswede bei Bremen, suchte aber ihren eigenen und eigenwilligen künstlerischen Weg. Der führte sie dreimal nach Paris, wo sie die postimpressionistische Malerei von Paul Cézanne, Paul Gauguin und Vincent van Gogh kennen lernte. Die Auseinandersetzung mit der französischen Avantgarde bestätigte sie in ihrer eigenen Suche nach immer neuen Ausdrucksformen, ihrem Wunsch, die Illusionen des Jugendstils und des Impressionismus hinter sich zu lassen. Die Formen ihrer Motive wurden einfacher, ihre Farbgebung flächiger, Gesichter auf das Notwendige, Gegenstände auf Grundformen reduziert. Sie malte nicht nur klassische Selbstporträts, sondern eine Reihe großer Selbstbildnisse mit entblößten Brüsten oder schwangerem Bauch – die für eine Zeit, in der noch die Salonmalerei der Gründerzeit dominierte, extrem kühn waren. Diese Selbstakte gelten als die ersten der Kunstgeschichte. Als sie mit 31 Jahren, wenige Tage nach der Geburt ihres einzigen Kindes, an einer Embolie starb, hinterließ Modersohn-Becker ein imposantes Werk von 750 Gemälden, etwa 1000 Zeichnungen und 13 Radierungen. Ihre Arbeiten wurden in der Zeit des Nationalsozialismus als »entartete Kunst« diffamiert.

Die Städtische Galerie im Lenbachhaus in München verfügt über eine umfangreiche Sammlung mit Bildern von Gabriele Münter sowie des »Blauen Reiters«, wie etwa das »Blaue Pferd I« von Franz Marc (großes Bild, links vorn).

Rechte Bildleiste, von oben: Das Gabriele-Münter-Haus in Murnau ist heute ein Museum. Die »Studie mit Telegrafenstange« entstand bei Murnau. Mitglieder des »Blauen Reiters«

GABRIELE MÜNTER UND »DER BLAUE REITER«

1911, darunter Münter (ganz links) und Marc (sitzend). Kandinskys »Murnau mit Kirche I«. Links: Titelholzschnitt »Der Blaue Reiter« von Kandinsky. Rechts: Selbstporträt von 1909.

Sie ist neben Paula Modersohn-Becker die wichtigste Malerin des deutschen Expressionismus: Gabriele Münter (1877–1962). Ihre stark farbigen Landschaften, Stillleben und Interieurs, kompromisslos einfach in Bildaufbau und Flächenbetonung, machen sie zu einer Wegbereiterin der Moderne.

Zwölf Jahre war sie die Gefährtin Wassily Kandinskys und Mitglied der Künstlergemeinschaft »Der Blaue Reiter«. Sie arbeitete mit Alexej von Jawlensky, Franz Marc, August Macke und Paul Klee zusammen, entwickelte dabei doch eine ganz eigene Bildsprache. Um ihr in Düsseldorf begonnenes Studium fortzusetzen, ging sie 1901 nach München und besuchte Kandinskys private Kunstschule Phalanx. An Kandinskys Seite unternahm sie Reisen in die Niederlande, nach Tunesien und Frankreich. 1909 bezog das Paar eine Wohnung in München, und Münter erwarb das »Russenhaus« in Murnau, das zum Mittelpunkt der 1911 gegründeten Künstlergemeinschaft wurde. Sie propagierte das »Geistige in der Kunst« (Kandinsky), wandte sich gegen zu große Realitätsnähe und akademische Traditionen. Ihre Ideen wirkten auf die abstrakte Kunst und das Bauhaus weiter. Mit Ausbruch des Ersten Weltkrieges löste sich dann der Blaue Reiter auf. Macke und Marc fielen in Frankreich, Kandinsky musste nach Russland fliehen. 1916 sahen sich Münter und Kandinsky ein letztes Mal in Stockholm. Der Bruch mit Kandinsky stürzte die Malerin in eine tiefe Krise. 1931 kehrte sie nach Murnau zurück und malte wieder, doch wurde sie ab 1937 durch die Nationalsozialisten mit einem Ausstellungsverbot belegt. Erst 1949 konnte sie wieder in die Öffentlichkeit gehen. Gabriele Münter lebte und arbeitete bis 1962 in ihrem Haus in Murnau.

Großes Bild: »Das Äffchen« von Franz Marc (1912) hängt heute in der Städtischen Galerie im Münchener Lenbachhaus, das 1957 durch eine Schenkung Gabriele Münters in den Besitz einer herausragenden Sammlung von Werken des »Blauen Reiters« gelangte. Kleines Bild rechts: Das Bild »Der Blaue Reiter« von Wassily Kandinsky war Namensgeber für die 1911 in München von Wassily Kandinsky und Franz

Marc begründete Künstlervereinigung, der sich in den folgenden Jahren Paul Klee, Alfred Kubin, Alexej von Jawlensky, August Macke, Gabriele Münter u. a. anschlossen.

Ein Gesamtkunstwerk von allerhöchstem Rang: Neumanns riesiges freischwebendes Deckengewölbe im Treppenhaus der Würzburger Residenz mit prächtigen Fresken des italienischen Malers Giambattista Tiepolo (großes Bild).

Rechte Bildleiste, von oben: Der Raum der Würzburger Residenz-Hofkirche scheint nur aus Arkaden zu bestehen. Neumanns Konterfei im Würzburger Deckenfresko Tiepolos.

Balthasar Neumann

Blick in die Kuppel der Abteikirche Neresheim. Die Wallfahrtskirche Vierzehnheiligen wurde erst nach Neumanns Tod vollendet. Bild rechts: Porträt von M. F. Kleinert (1727)

Der fränkische Barock hat einen Namen: Balthasar Neumann (1687–1753). Was die Asams und die Zimmermanns in Bayern und Schwaben leisteten, gelang dem gebürtigen Böhmen in und um Würzburg bzw. in Baden, und es ist schwer zu entscheiden, wer von allen der Genialste war.

Als Kanonengießer und Militäringenieur ausgebildet, war Neumann als Architekt weitgehend Autodidakt, dabei immer lernbereit und offen für Neues – und ungemein begabt. In Würzburg, wohin er als 24-Jähriger ging, hatte er nach einigen Schwierigkeiten das Glück, in den Fürstbischöfen derer von Schönborn Mäzene zu finden, die sein Talent erkannten und ihn systematisch förderten. Schon sein Erstlingswerk, die ab 1721 an den Würzburger Dom als Grablege angebaute Schönborn-Kapelle, zeigte die Perfektion des Frühvollendeten. Auch erklingen hier bereits die Leitideen, die Neumann zeit seines Lebens immer wieder aufgriff: die Rotunde als Grundform; die Arkade, die den Raum nach mehreren Richtungen hin öffnet und, der Raumkurve folgend, im Grundriss ebenfalls gebogen ist; dazu als häufig wiederkehrendes Element Säulenpaare, die die Arkaden und andere Raumelemente flankieren und betonen. Zu den herausragenden Kirchenbauten, die Neumann schuf, gehören die Wallfahrtskirchen Vierzehnheiligen und Gößweinstein, die Abteikirche Neresheim und die Peterskirche in Bruchsal sowie die Hofkirche im Südschloss der Würzburger Residenz. Auf ganz andere Weise einzigartig ist das Treppenhaus im Kaiserpavillon der Residenz: Es überwölbt einen Raum von 600 Quadratmetern ohne Stützen, eine riesige Fläche, die Giambattista Tiepolo kongenial mit einem Fresko bemalte. Balthasar Neumann starb am 19. August 1753 in Würzburg.

Großes Bild: Die letzten Jahre seines Lebens ab 1897 verbrachte Nietzsche in der Villa Silberblick in Weimar, wo er von seiner Schwester Elisabeth Förster-Nietzsche gepflegt wurde. Das Gemälde stammt von Hans Olde (1899).

Rechte Bildleiste, von oben: Die kleine Kirche in Röcken, in der Nietzsches Vater Pfarrer war. Dem Christentum stand der Philosoph Nietzsche sehr fremd gegenüber. Im Schwei-

zerischen Sils-Maria verbrachte Nietzsche häufig die Sommer, da ihm das Klima in den Bergen gut tat. Die Totenmaske Nietzsches im Nietzsche-Archiv in Weimar.

Sein Leben lang war er von schmerzhaften Krankheiten gepeinigt, und die letzten zwölf Jahre lebte er in geistiger Umnachtung. Dennoch war Friedrich Nietzsche (1844–1900) einer der bedeutendsten Philosophen seiner Zeit, der viele Entwicklungen des 20. Jahrhunderts voraussah und etwa der Psychoanalyse den Weg bahnte.

Geboren im sächsischen Örtchen Röcken als Sohn eines Pastors, verlor Friedrich Nietzsche schon als Fünfjähriger seinen Vater. Seine Schulleistungen ließen auf eine Karriere als Altphilologe hoffen, um so mehr, als er noch vor Ende des Studiums einen Ruf als Professor nach Basel erhielt. Der Erfolg im Fach war aber nicht von Dauer, weshalb er zur Philosophie wechselte. Als seine schon im Kindesalter auftretenden Kopf- und Augenschmerzen zunahmen, ließ Nietzsche sich ganz von der Universität beurlauben und begann ein ruheloses Reiseleben zwischen der Schweiz, Deutschland und Italien. Die dabei gewonnenen Erkenntnisse bannte er in sprachschöne Aphorismen, die Grundlage für seine Schriften wurden wie etwa »Also sprach Zarathustra«. Friedrich Nietzsche idealisierte einen vom »versklavenden« Christentum abgefallenen freien »Herrenmenschen«. Obwohl er ein klarer Gegner des Antisemitismus war, missbrauchten die Nationalsozialisten später diese Ideen für ihre Rassenideologie. Dass Nietzsche in seiner sperrigen Radikalität leicht zu missdeuten ist, beweisen auch Zitate wie das berühmte »Du gehst zu Frauen? Vergiss die Peitsche nicht!«; tatsächlich bezog sich Nietzsche damit selbstironisch auf ein Gruppenfoto mit Kutsche, das er einige Zeit zuvor selbst arrangiert hatte. Wobei er freilich die Gefahr, missverstanden zu werden, wie immer gern in Kauf nahm.

Carl von Ossietzky als Häftling im Konzentrationslager Esterhagen um das Jahr 1935 (großes Bild). An den Folgen der Haft starb der Publizist und Friedensnobelpreisträger drei Jahre später in einer Berliner Klinik.

Untere Bildleiste, von oben: Die Ossietzky-Büste von Manfred Sihle-Wissel entstand nach dem Bild Ossietzkys als Gefangener in Esterhagen. Die bekannte Carl-von-Ossietzky-

Medaille wird alljährlich von der Internationalen Liga für Menschenrechte an Bürger und Organisationen verliehen, die sich im Geist Ossietzkys gegen staatliche Willkür einsetzen.

Carl von Ossietzky (1889–1938), Journalist, Pazifist und Friedensnobelpreisträger des Jahres 1935, leistete beispielhaften Widerstand gegen den Terror der Nationalsozialisten – und bezahlte dies mit seinem Leben.

Nach der Schule arbeitete er zunächst als Sekretär in der Justizverwaltung, lebte aber vor allem für die Literatur. Ab 1911 schrieb Carl von Ossietzky für verschiedene Zeitschriften, zunehmend über politische Themen. Die Erfahrung des Krieges machte ihn endgültig zum überzeugten Pazifisten. Er engagierte sich viel für Friedensorganisationen, zeitweise auch hauptberuflich, und gründete im Jahre 1924 sogar eine eigene Partei, die radikaldemokratisch und pazifistisch ausgerichtete Republikanische Partei (RPD), die sich aber bald wieder auflöste. Kurt Tucholsky holte ihn als Autor zur Zeitschrift »Die Weltbühne«, die Ossietzky ab 1927 selbst herausgab. 1931 erfuhr sein Leben dann die entscheidende dramatische Wendung, als er wegen eines 1929 in der »Weltbühne« erschienenen Artikels des Landesverrats und der Spionage angeklagt wurde. Der Rüstungsexperte Walter Kreiser hatte darin über die laut Versailler Vertrag verbotene Aufrüstung der Reichswehr berichtet. Ossietzky, der beim Prozess nicht anwesend war, und Kreiser wurden wegen Spionage verurteilt. Der Prozess und das Urteil erregten internationales Aufsehen, das sich noch steigerte, als Ossietzky 1933 nach der Machtergreifung in verschiedene Konzentrationslager gebracht und lebensgefährlich misshandelt wurde. Eine internationale Kampagne zur Unterstützung Ossietzkys erreichte 1936, dass ihm rückwirkend für das Jahr 1935 der Friedensnobelpreis zugesprochen wurde. Den Preis durfte er allerdings nicht entgegennehmen. Er starb am 4. Mai 1938 in Polizeigewahrsam.

Das thronende Herrscherpaar in einer Kapelle des Magdeburger Doms stellt vermutlich Kaiser Otto I. und seine Gemahlin Editha dar (großes Bild). Das Paar liegt hier begraben.

Untere Bildleiste, von links: Die Kaiserkrone Ottos des Großen wurde 962 oder 968 angefertigt. Bis 1792 trugen die Könige des Heiligen Römischen Reiches Deutscher Nation

diese Krone. Eine Buchmalerei von 1457 zeigt die berühmte Schlacht auf dem Lechfeld. Bild rechts: Der Magdeburger Reiter auf dem Alten Markt könnte Otto I. darstellen.

Otto I., der zu seinen Lebzeiten (912–973) Otto der Große genannt wurde, war eine ähnlich herausragende Figur wie Karl der Große, der zweieinhalb Jahrhunderte vor ihm gelebt hatte. Auch sonst sind einige Parallelen zwischen ihnen augenfällig: So wussten beide, dass sie die Macht der Kirche systematisch einbinden mussten, um ihr Reich im Inneren zu stabilisieren.

Beide ließen sich vom gerade herrschenden Papst zum Kaiser krönen, nachdem sie ihm zuvor zu Hilfe gekommen waren. Otto jedoch ist der erste Herrscher, den man mit Fug und Recht als Deutschen bezeichnen kann. Das Wort »diutisk« hieß ursprünglich so viel wie »volkstümlich« und bezeichnete etwa die Sprache der einfachen Leute im Gegensatz zum Latein, das die Gebildeten sprachen. Im Ausland benutzte man das Wort für die in Deutschland lebenden Menschen schon länger, während sich die Deutschen selbst noch als Franken, Sachsen oder Bayern bezeichneten. Ottos Leistung bestand in der Konsolidierung des ostfränkischen Reiches und dessen Neuerfindung als »Heiliges Römisches Reich deutscher Nation« – durch diese Formel schrieb er die innige Verflechtung von weltlicher und geistlicher Macht sowie den imperialen Machtanspruch für lange Zeit fest. Einer seiner größten Erfolge war 955 der triumphale Sieg über ein ungarisches Reiterheer auf dem Lechfeld bei Augsburg (schon sein Vater Heinrich I. hatte sich gegen Ungarnüberfälle zu verteidigen gehabt), der das Ende der jahrzehntelangen ungarischen Raubzüge bedeutete. Otto ließ Magdeburg zum Machtzentrum ausbauen und gründete unter anderem das Bistum Merseburg. Damit legte er eine wichtige Grundlage für die mitteldeutsche Romanik. Sein Grab befindet sich im Magdeburger Dom.

Grabstein für Paracelsus auf dem Sebastiansfriedhof in Salzburg (großes Bild). In die Stadt an der Salzach zog der Arzt und Mediziner 1541 und verstarb dort noch im selben Jahr unter ungeklärten Umständen.

Kleines Bild unten: Ein Kupferstich aus dem Jahre 1541 als Nachruf auf Aureolus Philippus Theophrastus Bombastus von Hohenheim, wie Paracelsus eigentlich hieß.

Paracelsus

Bild rechts: Das Gemälde aus dem 17. Jahrhundert zeigt Paracelsus in derselben Pose wie der Kupferstich von 1541. Der Maler des Bildes ist unbekannt.

Würde Paracelsus (1493–1541) heute leben, fände man ihn sicherlich häufig in Talkshows, wo er gegen die Pharmaindustrie wetterte. Zugleich würden ihm seine populärwissenschaftlichen Bücher von Lesern aus den Händen gerissen, während sich in seiner Privatklinik prominente Patienten drängelten.

Denn Paracelsus, wie er sich selbst nannte, war beides: ein erfolgreicher Arzt und ein streitbarer Geist, der nie davor zurückscheute, sich mit dem Establishment anzulegen. Geboren 1493 in der Nähe von Einsiedeln als Sohn eines Arztes und Naturforschers unter dem Namen Aureolus Philippus Theophrastus Bombastus von Hohenheim, begann er mit 16 Jahren auf Wanderschaft zu gehen und bei verschiedenen Lehrern Medizin und Alchemie zu studieren. Auch nachdem er 1516 in Ferrara den Doktorgrad erlangt hatte, zog er weiter kreuz und quer durch Europa und arbeitete als Wundarzt. Er blieb nirgendwo lange, und er fiel zunehmend auf: durch den Erfolg seiner Behandlungen und dadurch, dass er als Erster sein Wissen auf Deutsch verbreitete. Aber auch durch seine Streitigkeiten mit den Gelehrten, denen er bloßes Bücherwissen vorwarf und die er wegen des Festhaltens an der antiken Vier-Säfte-Lehre kritisierte. Paracelsus konnte kräftig austeilen, und er konnte einstecken, dennoch musste er mehrmals vor drohenden Prozessen fliehen. Stellungen wie die als Baseler Stadtarzt von 1527 bis 1528 ermöglichten ihm den Gedankenaustausch mit den Großen der Zeit, wie etwa Eramsus von Rotterdam. An wechselnden Orten schrieb er schließlich seine Hauptwerke, die »Große Wundarzney« und die »Astronomia Magna«. Die meisten seiner Schriften erschienen aber erst nach seinem Tod. Er starb 1541 in Salzburg, wo er auch begraben ist.

Eine Minerva-Statue im Eingangsbereich des Max-Planck-Institutes für Geistiges Eigentum, Wettbewerbs- und Steuerrecht in München (großes Bild). Es ist eines von 78 Instituten, die zur Max-Planck-Gesellschaft gehören.

Kleines Bild links: Das Buntglasfenster des Künstlers Walter Womacka ziert seit 1962 das Auditorium der Humboldt-Universität in Berlin. In einem Fenstersegment auf halber

Höhe rechts ist ein Porträt von Max Planck zu sehen. Bild rechts: Der Denker Max Planck beschäftigte sich außer mit Physik auch mit philosophischen Fragen.

Das »Jahrhundert der Physik«, wie man das 20. Jahrhundert später oft bezeichnen sollte, begann pünktlich: Im Jahr 1900 erkannte Max Planck (1858–1947), dass Wärme nicht, wie bis dahin vermutet, in einem kontinuierlichen Strom abgegeben wird, sondern in Form winzig kleiner Einheiten – den so genannten Quanten. Diese unscheinbare Erkenntnis sollte die gesamte Physik verändern.

Max Planck wurde für die Quantentheorie 1919 mit dem Nobelpreis geehrt. Es ist eine Ironie der Geschichte, dass er sich – ebenso wie Albert Einstein – mit den Konsequenzen der Quantentheorie nie ganz anfreunden konnte. Planck war 1858 im damals noch dänischen, später preußischen Kiel geboren worden. Sein Vater war ein bekannter Verfassungsjurist, Mitautor des preußischen Bürgerlichen Gesetzbuches. Max wuchs in München auf und machte bereits mit 16 Jahren das Abitur. Dann studierte er Physik, wovon ihn auch das legendäre Fehlurteil eines Professors nicht abhalten konnte, der meinte, in der Physik gebe es praktisch nichts Neues mehr zu entdecken. Planck, der über den zweiten thermodynamischen Hauptsatz promovierte, beschäftigte sich im Folgenden vor allem mit der Wärmelehre, womit er damals eher ein Außenseiter war. Ab 1889 war er Professor in Berlin, wo er theoretische Physik lehrte. Hier entdeckte er 1900 das nach ihm benannte Strahlungsgesetz sowie das Planck'sche Wirkungsquantum, eine Naturkonstante, die das Verhältnis zwischen Strahlungsfrequenz und Energie eines strahlenden Körpers beschreibt. Ab 1930 war er Präsident der Kaiser-Wilhelm-Gesellschaft. Max Planck ging zunehmend auf Distanz zu den Nationalsozialisten und gab das Amt 1937 auf. 1947 starb er in Göttingen.

Der VW Käfer war bis 2002, als er vom VW Golf überholt wurde, das meistverkaufte Automobil der Welt. Im Volkswagen AutoMuseum in Wolfsburg sind alte Prototypen und viele Modelle dieses legendären Autotyps zu sehen.

Untere Bildleiste, von links: Die »Männer der ersten Stunde« mit Ferdinand Porsche am Steuer des 1938 gebauten Protoyps 3 am 25. November 1976 anlässlich des 40. Jahres-

tages des Volkswagen-Werkes. Nachbau eines 1936/1937 gebauten Vorserienwagens (VW 30) im AutoMuseum in Wolfsburg. Im Porsche-Museum in Stuttgart-Zuffenhausen.

Er ist eine der schillerndsten Figuren der Automobilgeschichte: Ferdinand Porsche (1875–1951), Vater des Volkswagens und Gründer der Firma Porsche. Ein ehrgeiziger Aufsteiger, besessener Tüftler und genialer Konstrukteur, an dessen aufwändigen Entwürfen kaufmännische Partner oft verzweifelten.

Ferdinand Porsche war der Prototyp eines Praktikers. Als Sohn eines Spenglers aus dem böhmischen Mallersdorf erlernte er das Handwerk in der Werkstatt seines Vater. Die Berufsschule besuchte er in Abendkursen, und mit Ausnahme einiger Theorie-Vorlesungen an der Technischen Hochschule Wien war er nie auf einer Universität. 1893 begann er als Mechaniker in einer elektromechanischen Fabrik in Wien zu arbeiten. 1906 ging er zur Österreichischen Daimler Motoren KG in Wien Neustadt, wo er sich einen hervorragenden Ruf als Konstrukteur von Rennwagen erarbeitete. Als er seinen Entwicklungsdrang immer weiter eingeschränkt sah, wechselte er 1923 zum Daimler-Stammwerk nach Stuttgart. Hier entwarf er den legendären Kompressormotor des Mercedes SSK. Die Fusion von Daimler und Benz sowie einige andere interne Schwierigkeiten führten dazu, dass er 1931 Daimler-Benz verließ und seine eigene Firma gründete. Mit diesem Unternehmen entwickelte er ab 1934 den Volkswagen – ein Auftrag, den die gesamte übrige Autoindustrie wegen der politischen Vorgaben abgelehnt hatte. Zur Massenfertigung des VW Käfers kam es jedoch erst ab 1946 – vor dem Krieg hatte man nur etwa 700 Käfer fertiggestellt. Zugleich konstruierte sein Sohn Ferry den ersten Porsche, den »365«, den Ferdinand noch sah und dessen Konstruktion er sehr lobte. Den Erfolg der neuen Firma in Zuffenhausen erlebte er aber nicht mehr.

Großes Bild: Die Röntgendiagnostik löste eine Revolution in der Medizin aus. Röntgens Entdeckung aus dem Jahre 1895 hatte aber auch in anderer Beziehung, z. B. bei der Entdeckung der Radioaktivität, weitreichende Folgen.

Rechte Bildleiste, von oben: Das Röntgen-Museum im Ortsteil Lennep in Remscheid. Im Inneren sind Einrichtungsgegenstände aus der Zeit Röntgens zu sehen sowie eine kleine

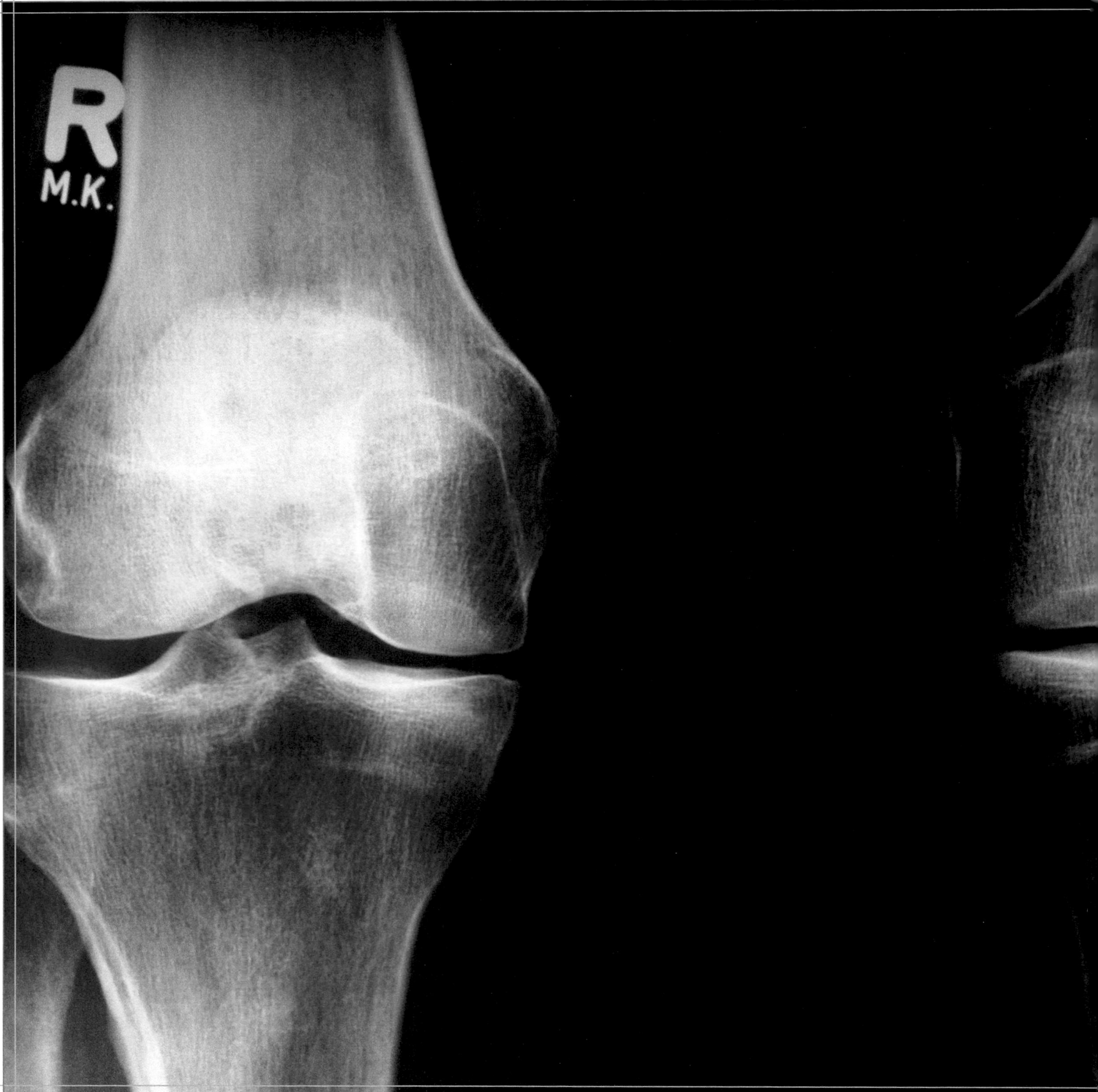

Laboranlage, wie sie der Physiker benutzt haben könnte. Einige der frühesten Röntgenaufnahmen der Welt: Die Bilder der Hand von Frau Röntgen stammen aus dem Jahre 1895.

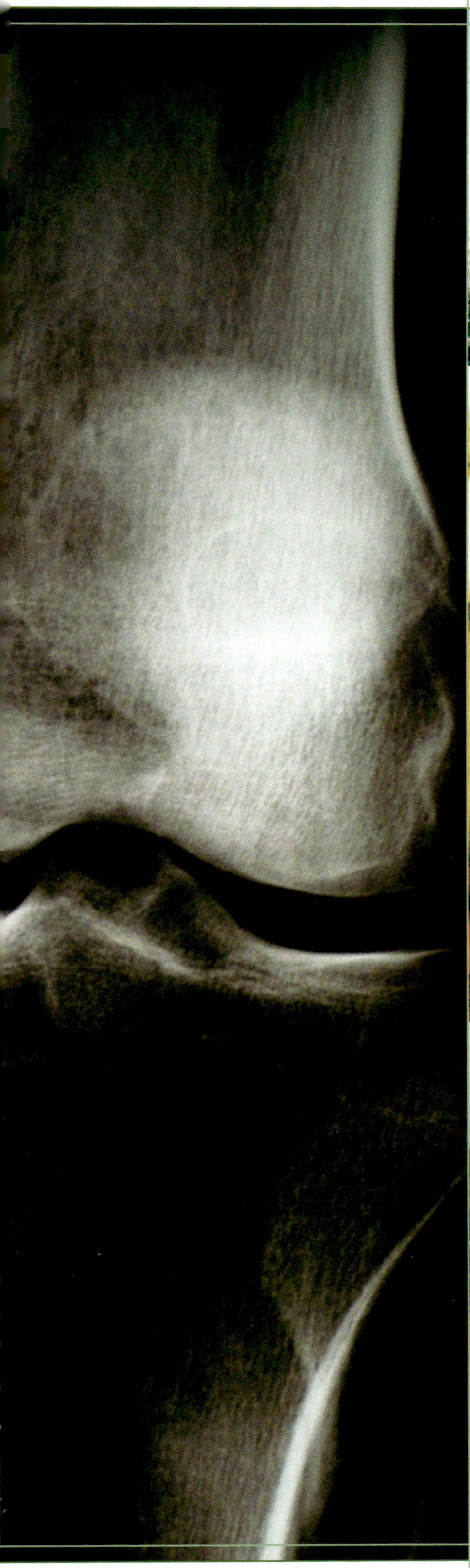

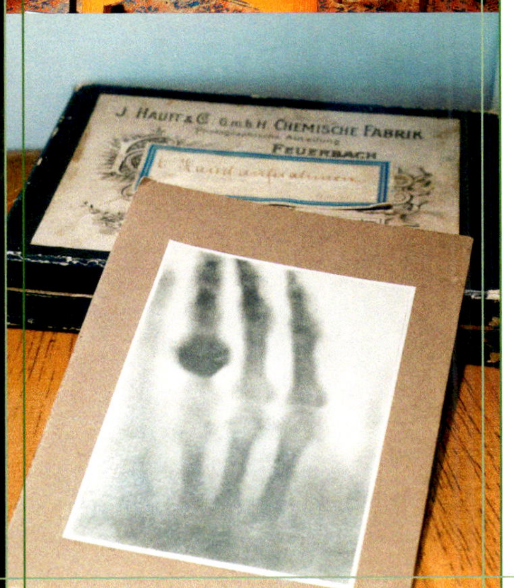

Röntgens Augen – relativ klein, scharfsichtig und klar, neben einer markanten Nase und unter kräftigen Brauen ruhend – sezieren förmlich die Welt ... Wilhelm Conrad Röntgen (1845–1923) hatte einen Bick, der ebenso durchdringend wirkte wie die von ihm entdeckten Strahlen.

Geboren 1845 als einziger Sohn eines Textilunternehmers im heute zu Remscheid gehörenden Ort Lennep, wuchs er in Apeldoorn und Utrecht auf und studierte in Zürich Maschinenbau und Physik. Nach der Promotion über die Physik der Gase folgte er seinem nur sechs Jahr älteren Dotorvater August Kundt nach Würzburg und später nach Straßburg. Er erhielt Professuren, unter anderem in Würzburg, wo ihm seine wichtigsten Entdeckungen gelangen. Röntgen war ein begnadeter Experimentator. Wer weiß, ob ein anderer das Phänomen, das ihn zu den neuen Strahlen führte, so systematisch untersucht hätte. Er kam eher zufällig darauf, als er, wie viele andere Physiker damals auch, Versuche mit Kathodenstrahlen unternahm. Er bemerkte, dass unter bestimmten Bedingungen ein speziell beschichtetes Papier auch dann zu leuchten begann, wenn die Röhre, die die Strahlen aussandte, mit dicker schwarzer Pappe umhüllt war. 1896 erschien die Arbeit »Über eine neue Art von Strahlen«. Sie brachte ihm 1901 als erstem Physiker den neu geschaffenen Nobelpreis. Das Preisgeld stiftete er großzügig der Universität Würzburg. Auch auf ein Patent verzichtete er, damit die Entdeckung möglichst vielen Menschen zugute käme. Seine Bescheidenheit ging noch weiter: In seinem Testament verfügte er, die Strahlen sollten nicht Röntgenstrahlen genannt werden, sondern X-Strahlen. Aber in diesem Punkt konnte er sich nicht durchsetzen ...

Schillers Totenmaske – aufbewahrt im Schiller-Nationalmuseum in Marbach am Neckar (großes Bild). Der Dichter wurde in diesem Städtchen am 10. November 1759 geboren. Schon 1763 zog die Familie nach Lorch um.

Rechte Bildleiste, von oben: In diesem Gartenhaus (von außen und Blick in den Gartenturm) lebte Schiller während seiner Zeit in Jena. Zum Dichterfürsten avancierte Schiller

Friedrich von Schiller

erst nach seinem Tod: monumentales Schiller-denkmal am Gendarmenmarkt in Berlin von Reinhold Begas (1871 eingeweiht). Bild rechts: Schiller-Porträt von Anton Graff (1786).

»Auf ein Wort: Was fällt Ihnen zu Goethe ein?«, fragte im Goethejahr 1999 ein Cartoon. Die Antwort: »Schiller!« Die zwei gehören irgendwie zusammen und könnten doch unterschiedlicher nicht sein.

Zwar war Friedrich von Schiller (1759–1805) mit seinen frühen Dramen »Die Räuber« oder »Kabale und Liebe« ebenso wie Johann Wolfgang von Goethe ein Protagonist der künstlerischen Epoche Sturm und Drang, zwar zählen seine großen Dramen »Wallenstein«, »Maria Stuart« oder »Wilhelm Tell« wie viele Werke Goethes zu den Höhepunkten der klassischen Literatur, doch ihre Leben verliefen völlig unterschiedlich. Schiller musste sich alles erkämpfen. Mit 14 hatte er in der Akademie des württembergischen Herzogs Karl Eugen zu studieren begonnen. Nachdem er aber mit seinen »Räubern« für Furore gesorgt hatte, erteilte ihm der Herzog Schreibverbot, und Schiller floh nach Mannheim. Ohne reiche Gönner musste er Tag für Tag um seine Existenz kämpfen, hatte die meiste Zeit seines Lebens Schulden und Sorgen, sei es als freier Theaterdichter in Mannheim oder später als Professor in Jena. Hinzu kam, dass er seit seiner Kindheit nicht sehr gesund war und mit 30 Jahren vermutlich eine schwere Lungenentzündung bekam, von der er sich nie mehr richtig erholen sollte. Dass er phasenweise wie ein Besessener arbeitete und 14 Stunden am Tag am Schreibtisch saß, hat seinen Gesundheitszustand sicher nicht verbessert – der Nachwelt dafür eine Vielzahl wunderbarer Stücke, Balladen und Gedichte beschert. Sie lassen uns die turbulente Zeit um die Französische Revolution besser verstehen. 1805 starb Schiller mit nur 45 Jahren. Sein Nachlass enthält eine Vielzahl von Ideen und Skizzen, für deren Ausarbeitung ihm keine Zeit blieb.

Vorbereitung zum Start der Ausstellung »Götterpläne & Mäusegeschäfte«, die 2005 im Schillermuseum in Weimar zum Anlass des 200. Todestages von Friedrich von Schiller eröffnet wurde (großes Bild).

Untere Bildleiste: 1799 zog Schiller von Jena nach Weimar, wo er neben Goethe zum wichtigsten Exponenten der so genannten Weimarer Klassik wurde. Das Haus an der

»Esplanade« – der heutigen Schillerstraße – wurde 1802 von Schiller erworben und von ihm bis zu seinem Tod 1805 bewohnt. Es ist heute als Museum zu besichtigen.

Großes Bild: Oskar Schindlers Grabstätte auf dem katholischen Friedhof am Zionsberg in Jerusalem – Schauplatz der bewegenden Schlussszene des Films »Schindlers Liste« von Steven Spielberg (1993).

Untere Bildleiste, von links: In Schindlers ehemaligen Fabrikräumen in Krakau befand sich zuletzt eine Emailwarenproduktion. Zur Zeit wird überlegt, das Gebäude in ein

Schindler-Museum umzuwandeln. 1999 entdeckte ein Stuttgarter Ehepaar Schindlers »Liste« im Original in einem Koffer auf dem Dachboden des elterlichen Hauses.

Ohne den Hollywoodfilm »Schindlers Liste«, der allein in Deutschland rund sechs Millionen Besucher in die Kinos zog, wäre er heute wohl nur wenigen bekannt: Oskar Schindler (1908–1974), der etwa 1100 Juden das Leben gerettet hat.

Zum Heldentum gereichten die ersten Lebensjahrzehnte des in Zwittau geborenen Sudetendeutschen eher nicht. Er war ein Spieler und Trinker, ein Lebemann mit Hang zu Luxus und schönen Frauen, aber auch ein gewiefter Geschäftsmann, der keine Gelegenheit ausließ, schnelles Geld zu verdienen. Wegen Spionierens für die deutsche »Abwehr« wurde er 1938 in der Tschechoslowakei verhaftet und wäre wohl hingerichtet worden, hätten die Deutschen das Nachbarland nicht annektiert. 1939 kaufte er eine arisierte Emailfabrik in Krakau zum Spottpreis auf und beschäftigte bereits Juden, bevor sie zur Zwangsarbeit gezwungen wurden – einfach weil sie die geringsten Löhne verlangten. Im Laufe des Zweiten Weltkrieges aber vollzog der Lebemann einen moralischen Wandel. Nach außen gab er sich weiterhin als strammer Nationalsozialisten, setzte aber heimlich alles daran, seinen Arbeitern eine menschenwürdige Existenz zu ermöglichen, und rettete schließlich mit seiner berühmten Liste allen das Leben. Sie entgingen der Gaskammer, weil Schindler sie zu angeblich kriegswichtigen Zwecken ins Sudetenland mitnehmen durfte. Nach dem Krieg gelang es ihm nicht mehr, wirtschaftlich Fuß zu fassen, weder mit einer Nutriafarm, die er in Argentinien mit seiner Frau Emilie betrieb, noch auf andere Weise in Deutschland. Als er starb, lebte er wenig glamourös in einem Ein-Zimmer-Apartment in Frankfurt am Main. Begraben wurde er auf eigenen Wunsch auf dem katholischen Friedhof in Jerusalem.

Das Schauspielhaus am Gendarmenmarkt gehört zu Schinkels großartigsten Entwürfen. Die klassizistische Fassade wirkt erhaben, ohne ins rein Monumentale abzugleiten (großes Bild).

Rechte Bildleiste, von oben: Blick in die Friedrichswerdersche Kirche, 1824–1831 von Schinkel im Stil der Neugotik erbaut. Heute wird das Gebäude als Museum genutzt. Mit

Karl Friedrich Schinkel

der Rotunde im jetzigen Alten Museum schuf Schinkel eine Variante des Pantheons in Rom. Schinkels Schloss Babelsberg in Potsdam. Bild rechts: Porträt von E. Hader (um 1880).

Karl Friedrich Schinkel (1781–1841) leistete in Berlin das, was Leopold von Klenze zur gleichen Zeit in München tat: Er gab seiner Stadt ein zeitgemäßes klassizistisches Gesicht.

Auch sonst gab es zwischen den Männern einige Parallelen: Beide waren nicht nur herausragende Architekten, sondern auch Architekturtheoretiker und Maler, beide verehrten die Baukunst der Antike und engagierten sich für die Rettung der Athener Akropolis. Im Gegensatz zu dem in München arbeitenden Klenze aber konnte Schinkel nur einen kleinen Teil seiner Entwürfe verwirklichen. Geboren am 13. März 1781 in Neuruppin, hatte er 1798 das Gymnasium verlassen, um bei dem späteren preußischen Oberhofbaumeister Friedrich Gilly zu studieren. Eine Italienreise (1803 bis 1805) rundete seine Ausbildung ab. Da die französische Besatzung Anfang des 19. Jahrhunderts größere Bauaufträge kaum zuließ, verdiente Schinkel seinen Lebensunterhalt zunächst als Maler, wobei ihn – bereits ganz der Architektur verschrieben – vor allem Stadtansichten beschäftigten. Ab 1810 war er in der preußischen Oberbaudeputation angestellt, 1815 wurde er Oberbaurat, 1931 Oberbaudirektor. Waren seine frühen Entwürfe und Gemälde noch einer romantischen Hinwendung zum Mittelalter verpflichtet, so erstellte er seinen ersten großen Bau, die 1818 fertig gestellte Neue Wache, bereits ganz im klassizistischen, auf die antiken Formen zurückgreifenden Stil. Auch das Schauspielhaus am Gendarmenmarkt (1818–1824) und das anschließend begonnene Neue Museum (das heute das Alte Museum ist) begründeten seinen Ruf als herausragender Baumeister des deutschen Klassizismus. In Potsdam schuf er 1833/1834 die klassizistischen Römischen Bäder und das dem Historismus verpflichtete Schloss Babelsberg.

Die 1996 eröffnete Max-Schmeling-Halle im Berliner Stadtteil Prenzlauer Berg ist die Heimspielstätte des Basketball-Teams Alba Berlin. Eingebettet in eine Parklandschaft im ehemaligen Grenzbereich zwischen Ost- und Westberlin, wo einst die Mauer stand, werden in ihr neben Sportveranstaltungen auch Rock- und Popkonzerte ausgetragen (großes Bild). Obere Bildleiste: Joe Louis und Max Schme-

ling am 22. Juni 1938 im Madison Square Garden, New York (zwei linke Bilder). Schmeling und Louis am 19. Juni 1936 im New Yorker Yankee Stadium (rechtes Bild).

Es ist eine Ironie der Geschichte, dass ausgerechnet ein Boxer der Inbegriff des deutschen Sportidols und deutscher »Sportler des Jahrhunderts« werden konnte: Max Schmeling (1905–2005). Sein Weltmeistertitel, seine Fairness im Ring und außerhalb, die Art, wie er Rückschläge wegsteckte, aber auch die Tatsache, dass er immer ein Mann des Volkes blieb, machten ihn zum Idol für Millionen.

Das außergewöhnliche Talent des in Klein-Luckow in der Uckermark geborenen Maximilian konnte sich schnell herauskristallisieren, als er 1923 mit dem Boxen begann. Ausgebildet als Kaufmann, wurde er schon 1924 Profiboxer; Siege im Halbschwergewicht und danach im Schwergewicht ebneten ihm den Weg in die USA, wo er bereits 1927 in New York um den Titel des Weltmeisters kämpfen konnte – und gegen Joe Sharkey gewann, allerdings wegen dessen Disqualifikation. Seinen größten Sieg errang Max Schmeling 1936 gegen den hoch favorisierten Joe Louis, den »Braunen Bomber«. Amerika war schockiert, und die Nationalsozialisten schlachteten den Sieg genüsslich aus; weswegen Schmeling, so klang es jedenfalls später, über seine Niederlage im Revanchekampf 1938 gar nicht so unglücklich gewesen sein will. Ein kurzes Comeback nach dem Zweiten Weltkrieg ermöglichte ihm den Start ins bürgerliche Leben. Reich wurde er aber erst durch eine Coca-Cola-Lizenz, die er letztlich auch seinen Boxverbindungen in die USA verdankte. Mehr als 50 Jahre führte er mit der tschechischen Filmschauspielerin Anny Ondra eine Bilderbuchehe; nach ihrem Tod 1987 zog er sich weitgehend aus der Öffentlichkeit zurück. Wenige Monate vor seinem 100. Geburtstag starb Max Schmeling in seinem Wohnort Hollenstedt bei Hamburg.

Szene aus dem Film »Sophie Scholl – die letzten Tage« von Marc Rothemund: Flugblätter der Weißen Rose segeln in der Aula der Münchener Universität zu Boden (großes Bild). Bei ihrer Verteilung werden die Geschwister Scholl verhaftet.

Untere Bildleiste, von links: Vor der Gedenktafel für die Geschwister Scholl in der Ludwig-Maximilian-Universität München liegen am 18. Februar 2003 Blumen. Exakt 60 Jahre

zuvor waren die Geschwister bei der Flugblattaktion verhaftet worden. Im Hofgarten in München erinnert ein schwarzer Block mit Zitaten aus der Gruppe an die »Weiße Rose«.

Sophie Scholl (1921–1943) war Mitglied der »Weißen Rose«, einer studentischen Widerstandsgruppe gegen die nationalsozialistische Diktatur. Bei dem Versuch, in der Münchner Universität Flugblätter zu verteilen, wurde sie am 18. Februar 1943 zusammen mit ihrem Bruder Hans festgenommen. Nur vier Tage später wurden beide zum Tode verurteilt und hingerichtet.

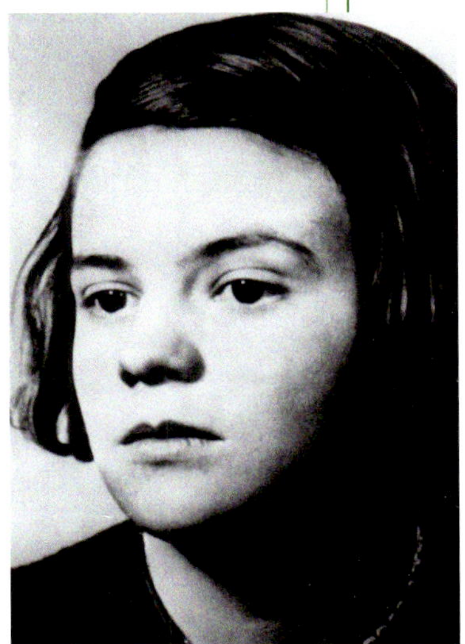

In einem liberalen Elternhaus aufgewachsen, hatte sich Sophie Scholl 1934 in Ulm zunächst begeistert dem Bund Deutscher Mädel angeschlossen. Sie geriet jedoch bald in Konflikt mit der Ideologie des Nationalsozialismus und trat 1938 aus. In der Hoffnung, dem Reichsarbeitsdienst, der als Vorleistung für ein Studium zu leisten war, zu entgehen, begann sie 1940 eine Ausbildung als Kindergärtnerin. Der Zwangsverpflichtung konnte sie damit jedoch dennoch nicht entgehen. Die dort gesammelten Eindrücke verstärkten ihre entschiedene Ablehnung der Herrschaft des Nationalsozialismus. Als sie 1942 endlich das Studium der Biologie und Philosophie in München aufnehmen konnte, fand sie über ihren älteren Bruder Hans Kontakt zu anderen Gleichgesinnten. Bis Anfang 1943 protestierte die Gruppe, die sich »Die Weiße Rose« nannte, mit Parolen auf Wänden gegen Krieg und Gewaltherrschaft und veröffentlichte sechs Flugblätter. Darin forderte sie die Bevölkerung, vor allem aber die Jugend, zum passiven Widerstand und zur Wiederherstellung von Freiheit und humanistischen Werten auf. Sophie Scholls Hoffnung, die Ereignisse in München mögen Wellen schlagen, erfüllte sich nicht. Ihre Zivilcourage ist jedoch bis heute unvergessen – wovon nicht zuletzt der Film über sie zeugt, der im Jahr 2005 in die Kinos kam und für den Oskar nominiert wurde.

Das Arbeitszimmer im Robert-Schumann Haus in Zwickau und in seiner Mitte ein Flügel Clara Schumanns. Auf dem Instrument spielte die neunjährige Clara Wieck bei ihrem Debütkonzert im Leipziger Gewandhaus (großes Bild).

Kleines Bild links: Robert und Clara Schumanns Grab auf dem Alten Friedhof in Bonn. Die neun Jahre jüngere Clara überlebte ihren Mann um 40 Jahre.

Clara Schumann

Bild rechts: Die kolorierte Lithografie zeigt Clara Schumann im Jahr 1840, dem Jahr ihrer Hochzeit mit Robert Schumann. Zu dieser Zeit war Clara bereits eine bekannte Pianistin.

In dem an musikalischen Genies ohnehin nicht armen 19. Jahrhundert war Clara Schumann (1819–1896) eine außergewöhnliche Erscheinung: geniale Klaviervirtuosin, dazu Komponistin und »nebenbei« Mutter von sieben Kindern: eine starke Frau, begabte Künstlerin und große Liebende.

Bereits mit neun Jahren gab sie ihr erstes Konzert, ausgebildet und betreut (und zunehmend tyrannisiert) von ihrem Vater, dem Klavierpädagogen Friedrich Wieck – bei dem auch Robert Schumann Unterricht hatte. Die keimende Liebe zwischen Clara und Robert versuchte der Vater zu verbieten – vergeblich. Schließlich, 1840, ertrotzte sich das Paar die Erlaubnis zur Heirat per Gerichtsbeschluss. Die Ehe war künstlerisch fruchtbar, obwohl auch Robert Clara zu dominieren versuchte und mit ihrem Erfolg nur schwer zurechtkam. Doch sie setzte sich durch, nicht zuletzt trug sie durch ihre Konzertreisen wesentlich zum Familieneinkommen bei. Sie trat mit Franz Liszt und Felix Mendelssohn-Bartholdy auf und machte als Interpretin die Werke ihres Mannes bekannt. Mit dem 14 Jahre jüngeren Johannes Brahms, der unsterblich in sie verliebt war, verband sie eine Freundschaft, die zumindest nach außen hin aber nie die Grenze zu einer Liebesbeziehung überschritt. Nachdem Robert Schumann 1856 gestorben war, zog sie mit einigen ihrer Kinder nach Berlin zu ihrer Mutter. Nach wie vor konzertierte sie mit Erfolg. 1878 wurde sie zur ersten Klavierlehrerin des neu gegründeten Hoch'schen Konservatoriums in Frankfurt am Main berufen. Nebenbei gab sie das Gesamtwerk ihres Mannes heraus. Nach einem Gehörleiden 1891 spielte sie nur noch für ihre Freunde. 1896 starb sie in Frankfurt, begraben wurde sie in Bonn – an der Seite ihres geliebten Mannes.

Das idyllische Kaysersberg an der Weiss gehörte zur Zeit von Albert Schweitzers Geburt 1875 vorübergehend zu Deutschland (großes Bild). Es war zuvor 1648 nach dem Westfälischen Frieden an Frankreich gefallen.

Untere Bildleiste, von links: In Weimar befindet sich das erste Albert-Schweitzer-Denkmal Deutschlands. Es wurde 1968 errichtet. In seinem Geburtsort Kaysersberg an der Weiss

hat ein kleines Museum Dokumente zu seinem Leben gesammelt. Bild rechts: Albert Schweitzer im vorgerückten Alter in seinem Spital in Lambarene.

Dreifacher Doktor, und zwar der Theologie, der Philosophie und der Medizin, dazu begnadeter Orgelspieler und Bach-Interpret, Musikwissenschaftler und Schriftsteller – trotz all seiner Talente wählte Albert Schweitzer (1875–1965) ein Leben der tatkräftigen Hilfe.

Durch seine selbstaufopfernde Hilfsbereitschaft, die im Aufbau des Tropen-Krankenhauses in Lambarene gipfelte, wurde er eine Ikone des 20. Jahrhunderts. Als Pfarrerssohn im Elsass geboren, ging er nach dem Studium und einigen Jahren als Vikar und Dozent 1912 nach Gabun, wo er als Missionsarzt arbeitete. Hier begann er mit seiner Frau Helene Schweitzer-Bresslau das Spital Lambarene aufzubauen. Im Ersten Weltkrieg wurde er von den Franzosen interniert, danach, von 1918 bis 1921, hielt er sich in Europa auf. Um Geld für den Ausbau des Spitals und den Aufbau eines Lepradorfes zu sammeln, gab er Orgelkonzerte, schrieb Artikel und hielt Vorträge. Zurück in Lambarene, konnte er dank dieser Einnahmen ein größeres Krankenhaus bauen, wobei er das Haus an die Bedürfnisse der Patienten anpasste und auch Familienangehörige mit betreute. Nebenher setzte er seine musikwissenschaftlichen Studien fort und betätigte sich weiterhin als Theologe und Schriftsteller. Sein humanitäres Engagement nicht nur vor Ort in Afrika, sondern auch weltweit für den Frieden und gegen das atomare Wettrüsten wurde 1952 mit dem Friedensnobelpreis, außerdem auch mit vielen anderen Preisen geehrt. Wenige Monate nach seinem 90. Geburtstag starb er am 24. September 1965 in Lambarene, wo er neben seiner Frau beerdigt wurde. Eines seiner schönsten Vermächtnisse ist der eindrucksvolle Satz: »Ich bin Leben, das leben will, inmitten von Leben, das leben will.«

Großes Bild: Nach dem Zweiten Weltkrieg verlegte Siemens 1949 den hauptsächlichen Firmensitz nach München. Seit 1999 befindet sich das firmeneigene Museum SiemensForum in dem von Richard Meier entworfenen Gebäude in München.

Obere Bildleiste, von links: Die erste elektrische Lokomotive der Welt entwickelte Werner von Siemens für die Berliner Gewerbeausstellung des Jahres 1879. Sie diente zur Beför-

derung von Ausstellungsbesuchern (rechts) und setzte eine unvergleichliche technische Revolution im Schienenverkehr in Gang. Bild rechts: Foto aus dem Jahr 1890.

Er war der Mann, der Deutschland elektrifizierte: Werner von Siemens (1816–1892), unermüdlicher Tüftler und Erfinder, Geschäftsmann und Unternehmer.

Als viertes von 14 Geschwistern wuchs er in der Nähe von Hannover und bei Lübeck auf, wo der Vater Gutspächter war. Die Schule verließ er ohne Abschluss. Mit knapp 19 Jahren begann er als Offiziersanwärter bei der Armee, weil die Familie für ein Studium des jungen Mannes kein Geld hatte. Beim Militär nutzte er jede Gelegenheit zum Experimentieren und machte seine ersten Erfindungen, die er zum Teil verkaufte, um seine Geschwister zu unterstützen. Der Quell seiner Ideen schienen unversieglich: Er baute einen verbesserten Telegrafen, erfand die isolierende Umhüllung für elektrische Leitungen (mithin das Stromkabel) und entdeckte das dynamoelektrische Prinzip, die Grundlage jeden Elektromotors und Generators. 1847 gründete er mit dem Mechaniker Johann Halske die »Telegraphenbau-Anstalt von Siemens & Halske«. Die beiden ergänzten sich perfekt: Siemens war der kreative Tüftler, Halske der Mann fürs Detail. Der Durchbruch kam 1848/1849, als die Firma den Auftrag erhielt, von Berlin nach Frankfurt eine Telegrafenleitung zu verlegen. Es folgten Aufträge in England und Russland und 1870 die Telegraphenlinie von London nach Kalkutta. Auch in Deutschland ging es voran: 1879 leuchtete die erste elektrische Straßenbeleuchtung, zwei Jahre später fuhr in Berlin-Lichterfelde die elektrische Straßenbahn. Gegen Ende seines Lebens wurde Siemens mit Ehrungen überhäuft, 1888 sogar geadelt. Auch sozial engagierte sich der Unternehmer und gründete 1872 eine Pensions-, Witwen- und Waisenkasse. Er starb 1892 in Berlin.

Die Originalpartitur der »Fanfare« für Orchester, komponiert für den Beginn der Festwoche für Musik der Stadt Wien im September 1924 (großes Bild). Von 1919 bis 1924 war Strauss Leiter der Wiener Staatsoper.

Rechte Bildleiste, von oben: Richard Strauss wurde 1889 Dirigent in Weimar, bevor er 1894 nach München zurückkehrte. Das Arbeitszimmer in der Strauss-Villa in Garmisch-Parten-

kirchen, die er ab 1910 mit seiner Familie bewohnte. Renée Fleming und Susan Graham im »Rosenkavalier« bei den Salzburger Festspielen 1995. Rechtes Bild: Foto von 1949.

Richard Strauss (1864–1949) schuf anfangs einige avancierte Opern, vor allem zusammen mit dem Textdichter Hugo von Hofmannsthal. Je älter er wurde, desto mehr fand er aber zurück in den Ton der Romantik, den er mit unerreichter Meisterschaft bis in letzte Nuancen auszukosten verstand.

Strauss stammte aus einem wohlhabenden musikalischen Elternhaus und begann schon mit sechs Jahren zu komponieren. Nach einem abgebrochenen Studium und einigen Reisen erhielt er 1885 eine Stelle als Kapellmeister am Hof in Meiningen. Seine ersten Werke, die allgemein Aufmerksamkeit erregten, waren symphonische Dichtungen, etwa »Don Juan« oder »Also sprach Zarathustra«. 1898 wurde er in Berlin Kapellmeister, 1908 Generalmusikdirektor. Um diese Zeit begann seine Zusammenarbeit mit Hugo von Hofmannsthal. Gemeinsam schufen sie in schneller Abfolge eine Reihe erfolgreicher Opern wie »Salome«, »Elektra« und »Der Rosenkavalier«. 1917 gehörte Strauss zu den Begründern der Salzburger Festspiele, 1919 erhielt er den Ruf als Direktor der Wiener Staatsoper. Fünf Jahre später zog er sich aus dem Amt zurück. Von 1933 bis 1935 war er Präsident der Reichsmusikkammer, fiel aber bei den Nationalsozialisten in Ungnade, als er sich für seinen Librettisten Stefan Zweig einsetzte. Die Kriegszerstörungen in seiner Heimatstadt München ließen Strauss verzweifeln. Im Angesicht der Tragödie schrieb er 1945 die »Metamorphosen für 23 Solostreicher«. 1948 vollendete er sein letztes großes Werk: »Vier letzte Lieder« für Singstimme und Orchester. Strauss setzte sich außerdem schon frühzeitig dafür ein, den Status des Künstlers in der Gesellschaft sozial abzusichern und gründete bereits 1898 eine Komponistengenossenschaft.

Schloss Rheinsberg, Schauplatz von Tucholskys heute noch bekanntestem Werk, der Erzählung »Rheinsberg – ein Bilderbuch für Verliebte« (großes Bild). Heute ist hier das Kurt Tucholsky Literaturmuseum eingerichtet.

Kleines Bild unten: Tucholskys Grabstätte auf dem Friedhof im schwedischen Mariefred. Auf der Grabplatte ist das Faust-Zitat »Alles Vergängliche ist nur ein Gleichnis« zu lesen.

Kurt Tucholsky

Bild rechts: Die Aufnahme Tucholskys stammt etwa aus der Zeit um 1930. Damals lebte der Dichter und Journalist bereits in Schweden, wo er 1935 auch starb.

Wenn es einen gibt, der den kämpferischen Journalismus der Weimarer Republik verkörpert, dann ist es Kurt Tucholsky (1890–1935). Keiner hat so vehement Nationalismus, Militarismus, Missstände in Politik, Justiz, Militär und Verwaltung angeprangert, keiner die Katastrophe des Nationalsozialismus' so deutlich vorausgesehen – und keiner hat im Angesicht all der Schrecken so früh resigniert.

Tucholsky kam am 9. Januar 1890 in Berlin als Sohn eines Bankkaufmanns zur Welt. Er studierte ab 1909 Jura, begann sich aber immer mehr für Literatur zu interessieren. So reiste er 1911 nach Prag und lernte Franz Kafka kennen, für den er sich später als Kritiker stark einsetzte. Schon 1907 hatte er selbst seine erste Satire veröffentlicht. 1912 erschien seine Erzählung »Rheinsberg – ein Bilderbuch für Verliebte«; es wurde durch den ungewohnten spielerisch-erotischen Tonfall sofort ein Erfolg. Im Jahr darauf begann er für die Zeitschrift »Schaubühne« zu arbeiten, die spätere »Die Weltbühne«. Hier schrieb er unzählige Reportagen und Leitartikel, aber auch Theaterkritiken und Buchbesprechungen. Er war so produktiv, dass er außer seinem Namen noch vier Pseudonyme mit Leben füllte. Ab 1924 weilte er als Korrespondent in Paris und sollte auch nicht mehr dauerhaft nach Deutschland zurückkehren. Die Verhältnisse in seinem Heimatland waren ihm bereits so unerträglich geworden, dass er von 1929 an überwiegend in Schweden lebte und fast nichts mehr veröffentlichte. 1933 war er dann auch einer der ersten, die von den Nationalsozialisten ausgebürgert wurden. Am 21. Dezember 1935 starb Kurt Tucholsky in einem Göteborger Krankenhaus an den Folgen einer Überdosis Schlaftabletten.

Das Richard-Wagner-Museum in »Haus Wahnfried« in Bayreuth, wo der Komponist mit seiner Familie ab 1874 lebte (großes Bild). Blick in die Halle im Erdgeschoss, rechts der Flügel, an dem viele Werke Wagners entstanden.

Kleines Bild: Wie bei der Errichtung von Wagners Wohnhaus, half sein königlicher Gönner Ludwig II. auch beim Bau des Festspielhauses mit großzügiger finanzieller Unterstützung. An

Richard Wagner

Wagners 59. Geburtstag, dem 22. Mai 1872, wurde auf dem Grünen Hügel nördlich von Bayreuth der Bau seines eigenen Theaters, des Festspielhauses, begonnen.

Er war eines von mehreren musikalischen Genies des 19. Jahrhunderts, aber er war der einzige Komponist, der sich für seine Musikdramen ein eigenes Festspielhaus bauen ließ: Richard Wagner (1813–1883).

Anders als etwa das Wunderkind Felix Mendelssohn-Bartholdy war Wagner ein Spätberufener. Im Alter von 16 Jahren beschloss er nach einem Konzertbesuch, Musiker zu werden. Er begann seine wechselhafte Karriere als Chordirektor in Würzburg, war dann Musikdirektor in Königsberg und später Dirigent in Riga. Wegen seiner ständigen Schulden musste Wagner immer wieder fliehen, von Riga aus in abenteuerlicher Weise mit dem Schiff nach London. Er lebte zwei Jahre in Paris und kehrte dann nach Dresden zurück, wo er 1843 zum Königlich-Sächsischen Kapellmeister an der Oper ernannt wurde. Durch die Teilnahme an der Revolution von 1848 sah er sich erneut zur Flucht ins Ausland gezwungen. Trotzdem gelang es ihm, sich im Laufe der Zeit einen Namen zu machen und mit seinen neuartigen Opern die Aufmerksamkeit der Fachwelt auf sich zu ziehen. Mit der Unterstützung seines Mäzens König Ludwig II. von Bayern konnte er schließlich ein eigenes Festspielhaus in Bayreuth erbauen lassen, das in Hinblick auf Akustik und Raumarrangement ganz seinen Idealen entsprach. Bis heute bestimmen direkte Nachfahren Wagners die künstlerische Richtung der Festspiele. Wagner schrieb auch die Textbücher seiner Musikdramen selbst. Darin verarbeitete er mittelalterliche Dichtungen, mythologische Ideen und philosophische Überlegungen. In seinen theoretischen Werken untermauerte er den ganzheitlichen Anspruch seiner Opern; allerdings sind in seinen Schriften auch antisemitische Töne enthalten, die seine Kunst in ein ambivalentes Licht rücken.

»Ich saz ûf eime steine / und dahte bein mit beine« beginnt eines der schönsten Lieder Walthers (»Der Wahlstreit«). In dieser Pose verewigte ihn 1894 auch der Künstler des Franconia-Brunnens in Würzburg (großes Bild).

Kleines Bild links: Das berühmte Walther-Blatt aus der Heidelberger Liederhandschrift, einer der wichtigsten Sammlungen mittelhochdeutscher Lyrik, die um 1300 in Zürich

entstand. Auch hier ist Walther auf einem Stein sitzend abgebildet. Bild rechts: Ausschnitt aus der Buchmalerei in der Heidelberger Liederhandschrift.

Er ist der Prototyp des fahrenden Minnesängers, Urvater aller heimatlosen Barden und reisenden Spielleute: Walther von der Vogelweide (um 1170–1230).

Fast alles, was über ihn bekannt ist, wissen wir aus seinen eigenen Liedern. Er tritt als Kirchenkritiker und als politischer Kommentator in Erscheinung, als Erzieher der Gesellschaft zum höfischen Ideal, vor allem aber als Prediger der Liebe. Seine Herkunft ist unklar. Vieles spricht dafür, dass er um 1170 im österreichischen Waldviertel geboren wurde. Am Hof des Wiener Herzogs Leopold VI. lernte er die Kunst des Minnesangs von dem damaligen Hofdichter Reinmar von Hagenau, und danach war er wahrscheinlich Zeit seines Lebens unterwegs. Zwar galt er als »herre«, der die Ritterwürde erworben hatte, aber bis zu seinem 50. Lebensjahr blieb ihm ein eigener Hausstand verwehrt. Erst Kaiser Friedrich II. gab ihm 1220 ein kleines Lehen. Obwohl er vielleicht weder lesen noch schreiben konnte, war er ein großartiger Sprachschöpfer. Es gelang ihm als erstem, die volkstümliche Spielmannslyrik und den höfischen Minnesang zu einer eigenen Kunst zu verbinden. Neu waren an seinen Liedern auch der politisch engagierte Ton und die herbe Kritik an Papst und Kirche. Selbst wenn er die Liebe eigentlich in wunderbaren poetischen Bildern in all ihren Facetten beschrieb, kam er nicht umhin, seinen Auftraggebern gnadenlos den Spiegel vorzuhalten – was nicht eben zu geregelten Einnahmen beitrug. Urkundlich ist nur eine einzige Tatsache über ihn überliefert. Eine Reisekostenabrechnung des Bischofs von Passau belegt, dass dieser dem Künstler einst fünf Solidos gab, das italienische Äquivalent des Schilling – für den Kauf eines Pelzmantels.

Das Markgräfliche Opernhaus in Bayreuth ist eines der besterhaltenen und mit Sicherheit eines der schönsten Barocktheater Europas. Es wurde 1784–1788 von Joseph Saint-Pierre und Giuseppe Galli geschaffen (großes Bild).

Linke Bildleiste, von oben: Die Eremitage war das großzügige Geschenk des Markgrafen Friedrich an seine preußische Gattin Wilhelmine. Zu der umfangreichen Parkanlage

gehören auch das Alte und das Neue Schloss (unteres Bild) mit dem Sonnentempel. Bild rechts: Wilhelmine in einem Porträt des preußischen Hofmalers Antoine Pesne.

Aufgeklärte Markgräfin und behutsame Modernisiererin ihres Ländchens, Bauherrin und Philosophin, Komponistin und Schriftstellerin, das alles war Wilhelmine von Bayreuth (1709–1758). Und: Lieblingsschwester Friedrichs des Großen.

Wie auch ihre neun Geschwister, hatte Wilhelmine eine unglaublich autoritäre und lieblose Kindheit durchlitten, in der die Liebe zur Musik und zur Kunst, die sie mit ihrem Bruder Friedrich teilte, ein seltener Trost war. Auf Druck ihres Vaters, des so genannten Soldatenkönigs« Friedrich Wilhelm I., musste sie 1731 den Erbprinzen von Bayreuth heiraten. Die Ehe, die zunächst Züge einer Verbannung hatte, scheint aber zumindest streckenweise recht glücklich gewesen zu sein. Nachdem ihr Mann 1735 sein Erbe hatte antreten können, begann das Paar aus Bayreuth ein kleines Versailles zu bauen. Es entstand das »Bayreuther Rokoko«: Bau des Neuen Schlosses, in dem Wilhelmine große Teile selbst entwarf, Umgestaltung der Eremitage, Anlage des berühmten Felsengartens Sanspareil, Bau des Opernhauses. Wilhelmine machte ihren Hof zu einem Zentrum gelehrter und künstlerischer Aktivitäten, gründete die Erlanger Universität, holte italienische Musiker und französische Schauspieler, wurde von ihrem Bruder und von Voltaire besucht und stand einmal sogar mit diesem auf der Bühne. Sie schrieb eine Oper, »Argenore«, die 1740 aufgeführt wurde, komponierte und spielte hervorragend Laute. Zwischen 1748 und ihrem Todesjahr schrieb Wilhelmine ihre Memoiren, die ein bemerkenswertes Zeugnis klarer, pointierter Beobachtungsgabe sind. »Sie starb am 14. Oktober mit einem Mut und einer Festigkeit in der Seele, die der größten Philosophen würdig wären«, schrieb ihr Bruder, der Preußenkönig.

Der Sängerkrieg 1206 auf der Wartburg in einem Holzschnitt nach einer Zeichnung von Adalbert Müller. An dem – wahrscheinlich nur – legendären Ereignis soll auch Walther von der Vogelweide teilgenommen haben (großes Bild).

Kleines Bild links: Wenig ist über die Lebensstationen Wolframs bekannt. Sehr wahrscheinlich wurde er aber im fränkischen Eschenbach bei Ansbach geboren, und so

nennt sich der Ort heute auch offiziell Wolframs-Eschenbach. Bild rechts: Seinem Namensgeber huldigt Wolframs-Eschenbach mit einem Denkmal.

Wolfram von Eschenbach (um 1170/1180 bis um 1220) war der wichtigste und wirkungsmächtigste deutsche Dichter des Mittelalters. Man kann ihn als den ersten Romancier bezeichnen, denn mit seinem »Parzival« schuf er ein Epos, dessen Stoff immer wieder aufgegriffen wurde, unter anderem von Richard Wagner in seinem Musikdrama »Parzifal«.

Gesicherte Lebensdaten Wolframs sind spärlich: Um 1170 bis 1180 wurde er wahrscheinlich im fränkischen Eschenbach (heute Wolframs-Eschenbach) bei Ansbach geboren. Später lebte er mit Frau und Kind auf der fränkischen Wehlenburg, reiste aber als fahrender Sänger auch umher. Hauptsächlich findet man seine Spuren am Hof Hermanns von Thüringen, eines großen Förderers der Dichtkunst. Nach Hermanns Tod 1217 gibt es von Wolfram kein Lebenszeichen mehr. Er dürfte um oder etwas nach 1220 gestorben sein, vielleicht ebenfalls in Eschenbach. Neben einigen kleineren Gedichten sind von ihm drei große Epen überliefert (außer »Parzival« sind dies »Willehalm« und »Titurel«), von denen aber nur »Parzival« vollendet wurde. Dieser umfasst etwa 25 000 Verse in Reimpaaren und zeichnet ein umfassendes Bild davon, wie man sich im Hochmittelalter das ideale Rittertum vorstellte. Die Erzählung ist im bretonischen Sagenkreis des Königs Artus angesiedelt und mit dem Gralsmythos verbunden. Das Neue an Wolframs Version ist, dass sich das äußere Geschehen im inneren Erleben des Helden spiegelt, der sich von einem »tumben Toren« zu einem reifen, verantwortungsbewussten Menschen entwickelt. Es handelt sich hier also um eine Art Entwicklungsroman. Eine solche bewusst dichterische Gestaltung sollte sich im deutschen Sprachraum erst Jahrhunderte später wieder finden.

Teleskop, das die Firma Zeiss etwa im Jahr 1913 produzierte, im Simeis-Observatorium auf der Krim (großes Bild). Mit diesem Objektiv gelang 1916 die Entdeckung eines Asteroiden, dem man den Namen Zeissia gab.

Kleines Bild links: Der Grabstein von Carl Zeiss auf dem Johannisfriedhof in Jena, dem Firmensitz der Zeiss-Werke. Nach wechselhafter Geschichte firmiert das Unternehmen seit

1996 als Jenoptik AG. 1998 gelang ein erfolgreicher Börsengang. Inzwischen hat Jenoptik einige Geschäftsbereiche verkauft und konzentriert sich wieder auf das Optikgeschäft.

Was kann sich ein Unternehmer mehr wünschen, als dass sein Familienname weltweit als Synonym für deutsche Wertarbeit gilt? Der Name Zeiss steht für Qualität in der Produktion optischer Präzisionsgeräte, und dass es Zeiss-Objektive waren, die in der Foto- und Videoausrüstung der ersten Mondlandung steckten, hätte Firmengründer Carl Zeiss (1816–1888) äußerst befriedigt.

Geboren als fünftes von zwölf Kindern eines Weimarer Kunstdrechslermeisters, erwies sich der kleine Carl Friedrich schon früh als technikbegeistert. Bereits während seiner Lehre beim Jenaer Hofmechanikus erhielt er die Erlaubnis, an der Universität Vorlesungen zu besuchen. Nach einer siebenjährigen Wanderschaft, die ihn nach Stuttgart, Darmstadt, Wien und Berlin führte, studierte er ab 1845 in Jena Mathematik und Chemie. Davon offenbar nicht ausgefüllt, eröffnete er ein Jahr später seinen eigenen Betrieb und spezialisierte sich schon bald auf die Herstellung von Mikroskopen. Dabei legte er größten Wert auf Qualität. Auch wollte er sich nicht mit den damaligen Fertigungsverfahren begnügen, die nur Unikate ermöglichten. Zeiss erkannte, dass er, um die Eigenschaften seiner Mikroskope weiter zu verbessern, wissenschaftlich vorgehen musste. Er holte sich Mathematiker und Physiker in seine Firma. Nach vielen Fehlschlägen gelang dem Physiker Ernst Abbe der Durchbruch. Ab 1866 wurden alle Mikroskope von Carl Zeiss nach dessen Berechnungen 1866 gefertigt. Zeiss machte Abbe 1875 zum Teilhaber des stark gewachsenen Betriebs und bestimmte ihn zu seinem Nachfolger. Im selben Jahr gründeten die beiden auch eine firmeneigene Sozialversicherung, die Zeiss-Krankenkasse – und waren auch hierin ihrer Zeit voraus.

Der neue Hangar der Westdeutschen Luftschiffgesellschaft in Mülheim an der Ruhr (großes Bild). Das Fliegen »leichter als Luft« hat noch immer viele Anhänger, es lohnt sich aber nur im Werbe- und Eventbereich.

Kleines Bild links: Im alten Hafenbahnhof direkt an der Uferpromenade von Friedrichshafen ist heute das Zeppelin Museum untergebracht. Es bietet die größte Sammlung an

Originalexponaten, Fotos und Modellen zur Luftschifffahrt. Hauptattraktion ist die begehbare Rekonstruktion eines Teils von LZ 129 Hindenburg. Bild rechts: Porträt des Grafen.

Zeppelin: Der Name ist in aller Welt ein Begriff. Zwar war Ferdinand Graf von Zeppelin (1838–1917) weder der erste, noch der einzige, der jemals Starrluftschiffe baute, doch seine waren die erfolgreichsten. Sein Lebenswerk ist die Geschichte eines beharrlich verfolgten Traumes mit später Erfüllung, aber auch die einer nationalen Begeisterung.

Zeppelin, Sohn eines württembergischen Ministers, war die längere Zeit seines aktiven Lebens Offizier, zuletzt württembergischer Gesandter in Berlin im Rang eines Generalleutnants. 1891, mit 52 Jahren, ließ er sich vorzeitig beurlauben, um sich seinem Lebenstraum zu widmen: dem Bau eines leistungsfähigen lenkbaren Luftschiffes. Nach sorgfältiger Planung und dem Kauf eines Patentes des Erfinders David Schwarz, der das erste Starrluftschiff entworfen hatte, erhielt Zeppelin 1898 sein eigenes Patent und baute ab 1899 das erste Luftschiff. Es machte unter großer Anteilnahme der Bevölkerung am 2. Juli 1900 seine erste Fahrt bei Friedrichshafen am Bodensee. Die ersten Jahre des Unternehmens waren schwierig, immer warfen Unfälle Zeppelin zurück und brachten ihn an den Rand des Ruins. Das dramatischste Unglück der Anfangsphase geschah im Jahr 1908, als das Luftschiff LZ 4 auf einer 24-Stunden-Testfahrt bei Echterdingen havarierte und ausbrannte. Der Unfall löste eine Welle der Hilfsbereitschaft aus, die über sechs Millionen Reichsmark an Spenden erbrachte und den Fortbestand der Firma sicherte. Zeppelin erlebte noch die erste Blüte seiner Luftschiffe bis zum ersten Weltkrieg und starb 1917 in Berlin. In der zivilen Luftfahrt begann das Aus der Zeppeline mit dem Unglück in Lakehurst bei New York, als die Hindenburg, das damals größte Luftschiff, binnen Sekunden verbrannte. 36 Menschen starben.

Großes und kleines Bild unten: Mit der berühmten »Wallfahrtskirche zum Gegeißelten Heiland auf der Wies« schufen die Zimmermanns ein helles, aber innig empfundenes Gesamtkunstwerk von überirdischer Harmonie.

Rechte Bildleiste, von oben: Die Fassade des Alten Rathaues in Landsberg am Lech schuf Dominikus Zimmermann, die Stuckaturen in der Amalienburg in München sein Bruder

Johann Baptist. Auch mit der St.-Anna-Kapelle in Kloster Buxheim sowie St. Peter und Paul in Steinhausen hinterließen die Brüder Meisterwerke des Rokokos.

Im Alphabet des süddeutschen Barocks existieren zwei Fixpunkte: A wie Asam, Z wie Zimmermann. Genau wie die fast gleichaltrigen Asam-Brüder waren auch die Zimmermann-Brüder, Johann Baptist (1680–1758) und Dominikus (1685–1766), als Maler und Stuckateure ausgebildet und ergänzten sich kongenial.

Dabei konzentrierte sich Dominikus mehr auf das Bauen und Johann Baptist mehr auf das Malen und die Stuckatur. Aus einer Künstlerfamilie aus Wessobrunn (Oberbayern) stammend, ließen sich die beiden nach Lehr- und Wanderjahren später auch in der Gegend nieder, Johann Baptist ab 1727 als Hofstuckateur in München, Dominikus in Landsberg, wo er seit 1749 auch das Amt des Bürgermeisters innehatte. Während Johann Baptist in ungezählten Schlössern und Kirchen Süddeutschlands seine Fresken und Stuckarbeiten hinterließ, entwickelte Dominikus ganz neue Raumlösungen. So gelang ihm als erstem die Verbindung der Freipfeilerhalle mit einem ovalen Zentralbau. Dadurch, sowie durch die enge Verbindung von Dekoration und Malerei, schuf er ein völlig neues Raumgefühl. Nach einigen Vorläufern verwirklichten die beiden Brüder diese Prinzipien in reiner Form zum ersten Mal in der Wallfahrtskirche in Steinhausen (1727–1733). 1745 schließlich begann die Arbeit an der Wieskirche, die zum absoluten Höhepunkt ihres Schaffens werden sollte. Die Kombination aus Üppigkeit und Leichtigkeit, aus mit Säulen und Durchbrüchen raffiniert gestaffeltem Raum und durchkomponiertem Freskenwerk wurde sofort als »Raumwunder« gerühmt und gilt seither als eines der Prunkstücke des Spätbarocks bzw. des Rokokos überhaupt. Die UNESCO nahm die Kirche 1983 in das Welterbe auf.

Aachen 131
Adenauer, Konrad 9
Alfeld an der Leine 105
Amsterdam 28, 85
Anklam 159
Ansbach 231
Antwerpen 73
Arendt, Hannah 13
Arminius 120
Arnim, Bettina von 15
Arnstadt 25
Asam, Cosmas Damian 17
Asam, Egid Quirin 17
Aschaffenburg 107, 137
Athen 139, 209
Augsburg 57, 93, 193
August der Starke 21

Bach, Johann Sebastian 25
Bad Hersfeld 71
Bad Kreuznach 125
Bad Wörishofen 79
Barcelona 179
Barlach, Ernst 27
Basel 189, 195
Baselitz, Georg 29
Bayreuth 225, 229
Beethoven, Ludwig van 31
Behaim, Martin 35
Behnisch, Günter 37
Benedikt XVI. 39
Benediktbeuren 17
Benz, Carl 41
Bergen-Belsen 85
Berlin 13, 15, 29, 37, 44, 51, 55, 57, 65, 77, 81, 88, 91, 101, 103, 105, 119, 127, 137, 145, 147, 153, 157, 159, 169, 172, 179, 190, 203, 209, 210, 215, 219, 223, 233, 235
Bern 77
Bernried 37
Bethel 47
Beuys, Joseph 43
Bielefeld 47
Bingen 125
Bismarck, Otto von 45
Bodelschwingh, Friedrich von 47
Böll, Heinrich 49
Bologna 149
Bonhoeffer, Dietrich 51
Bonn 9, 31, 37, 71, 215
Brahms, Johannes 53
Brandt, Willy 55
Braunschweig 111
Brecht, Bertolt 57
Bremen 180
Breslau 157
Bruchsal 187
»Brücke« 137
Brüssel 173

Calw 123
Cannstatt 63
Chemnitz 37
Chicago 13, 179
Clausthal 145
Colmar 107
Cranach, Lukas der Ältere 59

Daimler, Gottlieb 63
Danzig 101
Darmstadt 37, 233
»Das Bauhaus« 105
Davos 137
»Der Blaue Reiter« 183
Dessau 59, 104, 155
Detmold 52, 120
Deutschbaselitz 29
Diedrich, Marlene 63
»Die Weiße Rose« 213
Dinslaken 71
Dortmund 180
Dresden 20, 27, 37, 91, 111, 137, 147, 225
Droste-Hülshoff, Annette von 67
Duden, Konrad 71
Dürer, Albrecht 73
Düsseldorf 101, 117

Einsiedeln 195
Einstein, Albert 77
Eisenach 25
Eisleben 165
Erlangen 111
Eschenbach 231
Essen 71, 150
Esterhagen 190

Fassbinder, Rainer Werner 79
Ferrara 149, 195
Flossenbürg 51
Fontane, Theodor 81
Frahm, Herbert 55
Frank, Anne 85
Frankfurt am Main 15, 45, 85, 97, 108, 207, 215
Frauenburg 148
Frauenkirch-Wildboden 137
Freiburg 11, 13, 39
Freising 39
Friedrich I. Barbarossa 87
Friedrich II., der Große 89
Friedrich, Caspar David 91
Friedrichshafen 235
Friedrichsruh 45
Fugger, Jakob 93
Füssen 161

Gaienhofen 122
Garmisch-Partenkirchen 220
Gauß, Carl Friedrich 95
Gebrüder Asam 17
Gebrüder Grimm 103
Genua 71
Geschwister Scholl 213
Goethe, Johann Wolfgang von 97
Göteborg 223
Gothart, Mathis 107
Göttingen 45, 95, 103, 112, 117, 119, 145, 197
Grass, Günter 101
Graz 133
Greifswald 91
Grimm, Jacob 103
Grimm, Wilhelm 103
Gropius, Walter 105
Grunewald, Matthias 107
Güstrow 27
Gutenberg, Johannes 109

Hahnemann, Samuel 111
Halle 107, 113
Hamburg 27, 53, 113, 157, 211
Hanau 103
Händel, Georg Friedrich 113
Hannover 13, 113, 219
Heckel, Erich 137
Heidelberg 13
Heine, Heinrich 117
Heisenberg, Werner 119
Hermann der Cherusker 121
Hesse, Hermann 123
Hildegard von Bingen 125
Hildesheim 11, 28
Hohenheim, Philippus Aureolus Theophrastus Bombastus von 195
Hollenstedt 211
Humboldt, Alexander von 127
Humboldt, Wilhelm von 127

Isenheim 107

Jawlensky, Alexej von 183
Jena 203, 233
Jerusalem 87, 207

Kalkar 43
Kalkutta 219
Kamenz 156
Kandinsky, Wassily 183, 137
Kant, Immanuel 129
Karl der Große 131
Karl I. 131
Karlsruhe 41
Kassel 142, 03, 139
Kaysersberg an der Weiss 217
Kelheim 139
Kepler, Johannes 133
Kern, Hans-Georg 29
Kiel 27, 197

Kilchberg 171
Kirchner, Ernst Ludwig 137
Klee, Paul 183
Klein-Lückow 211
Klenze, Leopold von 139
Kneipp, Sebastian 143
Koch, Robert 145
Kollwitz, Käthe 147
Köln 9, 11, 29, 39, 48, 147, 173
Königsberg 13, 129, 225
Kopenhagen 91
Kopernikus, Nikolaus 149
Koppernigk, Nicolai 149
Köthen 111
Krakau 149, 207
Krupp, Alfred 151

Ladenburg 41
Lakehurst 235
Lambarene 217
Landsberg am Lech 236
Langenbroich 49
Lasker-Schüler, Else 153
Lauingen an der Donau 11
Leipzig 25, 98, 111, 119, 157, 214
Lennep 201
Leopold III., Fürst von Anhalt-Dessau 155
Lessing, Gotthold Ephraim 157
Lilienthal, Otto 159
Linz 133
Lissabon 35
London 72, 113, 173, 219, 225
Lorch 202
Lübeck 55, 100, 171, 219
Ludwig II. 161
Luther, Martin 165
Luxemburg, Rosa 169

Macke, August 183
Magdeburg 193
Magnus, Albertus 11
Mainz 107, 109
Mann, Thomas 171
Mannheim 41, 203
Marbach am Neckar 202
Marburg 13, 71, 103
Marc, Franz 183
Mariefred 222
Marx, Karl 173
Meersburg 67
Meiningen 221
Meißen 111
Memmingen 143
Mendelssohn-Bartholdy, Felix 175
Merian, Maria Sibylla 177
Merseburg 193
Mies van der Rohe, Ludwig 179
Modersohn-Becker, Paula 181
Montagnola 123
Moritzburg 137, 147
Mueller, Otto 137
Mühlhausen 25
München 17, 37, 39, 42, 57, 67, 79, 117, 119, 137, 139, 171, 183, 197, 213, 218, 221, 236
Münter, Gabriele 183
Murnau 183

Neumann, Balthasar 187
Neuruppin 81, 209
New York 13, 29, 178, 211, 235
Nienberge 67
Nietzsche, Friedrich 189
Nold, Emil 137
Nürnberg 35, 73

Ossietzky, Carl von 191
Otto I., der Große 190

Padua 149
Paracelsus 195
Paris 11, 27, 65, 111, 117, 127, 173, 180, 223
Passau 227
Pechstein, Max 137
Peking 173
Planck, Max 197
Porsche, Ferdinand 199
Potsdam 80, 88, 209
Prag 133, 223

Ratzinger, Joseph Alois 39
Regensburg 11, 133, 139
Remscheid 201
Reutlingen 63
Rhöndorf 8
Riga 225
Röcken 189
Rom 93, 127
Röntgen, Wilhelm Conrad 201
Rüdesheim 125

Saleph 87
Salzburg 195, 221
Schiller, Friedrich von 203
Schindler, Oskar 207
Schinkel, Karl Friedrich 209
Schladen 139
Schleiz 71
Schmeling, Max 211
Schmidt-Rotluff, Karl 137
Scholl, Hans 213
Scholl, Sophie 213
Schorndorf 63
Schumann, Clara 215
Schweitzer, Albert 217
Siemens, Werner von 219
Sils-Maria 188
Soest 71
St. Petersburg 139
Steinau 103
Steinhausen 236
Stephansried 143
Stockholm 183
Straßburg 11, 109, 201
Strauss, Richard 221
Stuttgart 37, 179, 199, 233

Tecklenburg 47
Thorn 149
Torgau 59
Trier 173
Tübingen 51, 123, 133
Tucholsky, Kurt 223

Ulm 133, 213
Unkel am Rhein 55

Versailles 44

Wagner, Richard 225
Waldviertel 227
Walther von der Vogelweide 227
Warschau 55
Wedel 27
Weil der Stadt 132
Weimar 25, 97, 105, 188, 204, 217, 220, 233
Weltenburg 17
Wesel 71
Wessobrunn 236
Wien 31, 53, 60, 111, 199, 220, 227, 233
Wiesbaden 71
Wilhelmine von Bayreuth 229
Wittenberg 59, 157, 165
Wolfenbüttel 157
Wolfram von Eschenbach 231
Wolframs-Eschenbach 231
Wörishofen 143
Wörlitz 155
Worpswede 180
Wuppertal 153, 180
Würzburg 87, 187, 201, 225, 226

Zeiss, Carl 233
Zeppelin, Ferdinand Graf von 235
Zimmermann, Dominikus 237
Zimmermann, Johann Baptist 237
Zuffenhausen 199
Zürich 226
Zwickau 214
Zwittau 207

Bildnachweis

Abkürzungen:

C = Corbis
DFA= Das Fotoarchiv
L =laif
Mau = Mauritius
p-a= picture.alliance

Cover (vorne): Linke Reihe v. o. n. u. L/Modrow; C; Bieker; C/Meyer; große Bilder Zielske (2); Cover (hinten): Zielske
S. 2 1: p-a/KPA/HIP; S. 2 2: p-a/AKG; S. 2/3: Zielske; S. 4/5: L/Zanettini; S. 6/7: Schapowalow; S. 8/9 und S. 8: C; S. 10: C; S. 10/11: Visum/Arnold; S. 11: L/Specht; S. 12: Detlef Horster; S. 12/13: C; S. 13: p-a/KPA/HIP; S. 14: Caro/Engelsmann; S. 14/15 und S. 15: AKG; S. 16: Schilgen; S. 16/17: Joker/Gerard; S. 17: AKG; S. 18 1: Monheim; S. 18 2: Mau/Kolley; S. 18/19: DPA/Dlouhy; S. 20: IFA; S. 20/21: L/Granser; S. 21: Böttcher; S. 22/23: IFA/Harris; S. 23: L/Adenis; S. 24 1: Bernd Blume; S. 24 2: Visum/Duddek; S. 24/25: Haertrich/transit; S. 25: C; S. 26/27; Focus/Kluyver; S. 27 1: L/Kirchner; S. 27 2: Vollerf/Krimmer, S. 27 3: AKG; S. 27 4: AKG; S. 28/29: L/HollandseHoogte; S. 29 1: mediacolors/Deutschmann; S. 29 2: L/Baatz; S. 30/31: C/Andy Warhol Foundation; S. 31 1: vario-press/Baumgarten; S. 31 2: L/Gaasterland; S. 32/33: Visum/Pflaum; S. 34 1: Getty; S. 34/35 und S. 35: AKG; S. 36/37: Caro/Sorge; S. 37 1: artur/Hutmacher; S. 37 2: L/Boening; S. 37 3: p-a/dpa; S. 38 1: L/Gurian; S. 38 2: Romeis; S. 38/39:C/Reuters/Kopczynski; S. 39 1: p-a/epa; S. 39 2 und S. 39 3: C/Rossi/Reuters, S. 40 1: C; S. 40/41; MPI; S. 41: C; S. 42/43: p-a/AKG; S. 43 1: artur/Zooey; S. 43 2: p-a/AKG; S. 43 3: Caro/Meyerbroeker; S. 43 4: Visum/ Pflaum; S. 43 5: p-a/Imagno; S. 44/45: L/Galli; S. 45 1: bridgemanart.com; S. 45 2: Mau; S. 45 3: images.de/Travelstock44; S. 45 4: C; S. 46 1: Visum/Leissl; S. 46/47: p-a/HB-Verlag; S.48/49: C/Bassouls; S. 49 1 und 2: p-a/dpa; S. 49 3: Jürgen Christ; S. 50/51, S. 51 1und 2: p-a/dpa; S. 52/53: L/Modrow, S. 53 1: Michael Wortmann; S. 53 2: AKG; S. 53 3: p-a/ AKG; S. 53 4: Bernd Blume; S. 53 5: AKG; S. 54: C, S. 54/55: DFA/Weller; S. 55 1: C; S. 55 2: L/Plambeck; S. 55 3: p-a/dpa; S. 56/57: DFA/Scheibner; S. 57 1: p-a/dpa; S. 57 2: Voller/Henkelmann; S. 57 3: Ostkreuz/Bergemann; S. 57 4: Achim Sperber; S. 57 5: p-a/dpa; S. 58 1, 2 und 3: C; S. 58/59: C/Vollmer; S. 59: C; S. 60: C/Meyer; S. 60/61: p-a/ZB-Fotoreport; S. 62/63: p-a/dpa; S. 63 1, 2 und 3: C; S. 64 1: p-a/dpa; S. 64 2: Achim Sperber; S. 64/65: images/Scherhaufer; S. 65: Voller;S. 66 1, 2 und S. 67: Ingo Wandmacher; S. 66/67: C/Aubrey; S. 68: L/Raach; S. 68/69: Bieker; S. 70: ecopix; S. 70/71: Visum/Reeg; S. 71: Andreas Varnhorn; S. 72/73: brigdemanart.com; S. 73 1: L/Hub; S. 73 2: p-a/AKG; S. 73 3: photoplexus; S. 73 4: C; S. 74: p-a/KPA/HIP; S. 74/75: p-a; S. 76: transit/Eisler; S. 76/77: Arco/Hildebrandt; S. 77: C; S. 78/79 (5): p-a/KPA; S. 79: C/John Springer Collection; S. 80: images.de/Littwin; S. 80/81: L/Zielske, S. 81: C; S. 82/83 (2): L/Vogel; S. 85: C; S. 86 1 und 2: brigdemanart.com; S. 86/87: L/Zielske; S. 87: brigdemanart.com; S. 88/89: L/Boening/Zenit; S. 89 1: L/Galli; S. 89 2: Caro/Munis; S. 89 3: AKG; S. 89 4: L/Zenit; S. 89 5: AKG; S. 90/91: L/Zielske; S. 91 1: AKG; S. 91 2: brigdemanart.com; S. 91 3: AKG, S. 91 4: Mau/Curtis; S. 91 5: brigdemanart.com; S. 92/93: Zielske; S. 93 1: AKG; S. 93 2: p-a/AKG; S. 93 3:NN; S. 93 4: Mau/Hackenberg; S. 93 5: AKG; S. 94/95: Zielske; S. 95 1: Schapowalow/Boerken; S. 95 2: Göttinger Stadtinfo; S. 95 3: C; S. 96/97: L/Zanettini; S. 97 1: C/Nicholson; 97 2: Caro/Kaiser, 97 3: S. 197 4: L/Babovic; S. 197 5: AKG; S. 98/99: L/Zanettini; S. 100/101: AKG; S. 99 1: p-a/dpa; S. 99 2: p-a/dpa; S. 99 3: p-a/dpa; S. 99 4: AKG; S. 102 1, 2 und 4: Joerg Lantelme, S. 102 3: Visum/Ludwig, S. 102/103: Zielske; S. 104/105: C/Hornak; S. 105 1: Engelhardt/Sellin; S. 105 2: artur/Helle; S. 105 3: Arco/Hildebrandt; S. 105 4: Voller/Henkelmann; 105 5: C/White; S. 106/107: C/Franken; S. 107 1: Schapowalow/Huber; S. 107 2: AKG; S. 107 3: brigdemanart.com; S. 107 4: C; 108 1: L/Emmler; 108 2: AKG; 108/109: C; 109: C/Bianchetti; S. 110: Busse/transit; S. 110/111: L/Eisermann; S. 111: C; S. 112: Arco/Kiedrowski; S. 112/113: p-a/ZB; S. 113: p-a/AKG; S. 114/115: Zielske; S. 115: Visum/Langreder; S. 116 1: Markus Bollen; S. 116 2: p-a/dpa; S. 116/117: Visum/Martin & Feldhoff; S. 117 1: Eric Lichtenscheidt, S. 117 2: L/Krinitz; S. 117 3. p-a/ AKG; S. 118 1und 2: C; S. 118 3: p-a/dpa; S. 118/119: Focus/SPL; S. 119: p-a/Imagno; S. 120 1: p-a/AKG, 120 2: AKG; S. 120/121: Caro/Kaiser; S. 120 1: p-a/dpa; S. 120/121: Visum/Pieker; S. 124: L/Kreuels; S. 124/125: Arco/Sommer; S. 125 1, 2 und 3: p-a/AKG; S. 125 4: p-a/AKG; S. 126/127: L/Buessemeier; S. 127 1: Schapowalow/Menges; S. 127 2: L/Boenig; S. 127 3, 4 und 5: AKG; S. 128 1: p-a/ZB; S. 128 2: transit/Schulze; S. 128/129: p-a/KPA; S. 129: p-a/AKG; S. 130: L/Huber; S. 130/131: Zielske; S. 131: C; S. 132/133: C; S. 133 1: p-a/dpa; 133 2 und 3: AKG; S. 133 4: p-a/AKG; S. 134/135 und S. 135: p-a/dpa; 136/137 (2): AKG; S. 138 1: IFA/Walsch; S. 138 2: C/Woolfitt; S. 138/ 139: Romeis; S. 139: AKG; S. 140/ 141: Zielske; S. 141: Huber; S. 142/143: AKG, S. 143 1: p-a/dpa; S. 143 2: Okapia; S. 143 3: p-a/ AKG; S. 144: L/Langrock; S. 144/145: p-a/ dpa; S. 145: AKG; S. 146 1: p-a/ZP; S. 146/147: Monheim; S. 147: AKG;S. 148 1 und 3: p-a/AKG; S. 148 2:p-a/ Imagno; S. 148/149: Andreas Ehrhard; S. 149: p-a/ AKG; S. 150 1: L/Naegele; S. 150 2: p-a/dpa; S. 150/151: Uwe Schmid-Fotografie; S. 151: Ingo Wandmacher; S. 152. AKG; 152/153: Zielske; S. 153: p-a/AKG; S. 154 1: Romeis; S. 154 2: Zielske; 154 3: Huber; S. 154/155: Romeis; S. 155: AKG; S. 156/157: L/Sasse; S. 157 1: p-a/dpa; S. 157 2: Visum/Hanke; S. 157 3: AKG; S. 157 4: p-a/dpa; S. 157 5: AKG; S. 158: Mau; S. 158/159: p-a/ZB; S. 160/161: DFA; S. 161 1: Look/Boyny; S. 161 2: Mau/Beck; S. 161 3: IFA; S. 161 4: Look; S. 161 5: Huber; S. 162: NN; S. 162/163: C/Corbis; S. 164/165 und S. 165 1: Zielske; S. 165 2: Monheim; S. 165 3: L/Modrow; S. 166/167: Böttcher; S. 167 1: DFA; S. 167 2: Zielske; S. 168: AKG; S. 168/169: L/Kirchner; S. 169: Voller; S. 170/171 und S. 171 1: Zielske; S. 171 2: C; S. 171 3: photoplexus/Bauer; S. 171 4: p-a/Imagno; S. 172/173: L/Futh; S. 173 1: AKG; S. 173 2: L/Hub; S. 173 3: C/Bartuff; S. 173 4: C/Conger; S. 173 5: C; S. 174 1 und 2: p-a/ZB; S. 174 3: AKG; S. 174/175: L/ Babovic; S. 175: p-a/AKG; S. 176/177: Corbis/de Selva; S. 177 1: C; S. 177 2: AKG; S. 178: C/Schein; S. 178/179: artur; S. 179: C; S. 180: AKG; S. 180/181: L/Babovic; S. 181 1 und 2: p-a/AKG; S. 181 3: p-a/dpa; S. 182: AKG; S. 182/183: argum/Lehsten; S. 183 1: L/Zahn; S. 183 2, 3, 4 und 5: AKG; S. 184/185 (2): AKG; S. 186/187: Huber; S. 187 1: Romeis, S. 187 2: Bieker; S. 187 3: L/Galli; S. 187 4: Wandmacher; S. 187 5: AKG; S. 188, S. 188/189 und S. 189 2: AKG; S. 189 2: L/Galli; S. 189 3: L/Babovic; S. 189 4: C; S. 190/191 und S. 191 1: p-a/dpa; S. 191 2: p-a/ZB; S. 191 3: p-a/dpa; S. 192 1: p-a/Imagno; S. 192 2: AKG; S. 192/193: Huber; S. 193: p-a/ZB; S. 194: AKG; S. 194/195: Wolfgang Zilser; S. 195: AKG; S. 196: AKG; S. 196/197: Alamy/Behnke; S. 197: p-a/dpa; S. 198/199: Ingo Wandmacher; S. 198 p-a/dpa Wolfgang Weihs 199 1: Volkswagen-Museum; S. 199 2: auto motor und sport / MPI; S. 199 3: p-a/KPA; S. 200/201: Bildagentur-online/Thomas; S. 201 1 und 2: L/Gaasterland; S. 201 3: AKG; S. 201 4: C; S. 202/203: L/Spohler; S. 203 1: Schapowalow/Huber; S. 203 2: Ostkreuz/ Mahler; S. 203 3: Laif/Boening; S. 203 4: p-a/AKG; S. 204 1 und 2: L/Babovic; S. 204/205: p-a/dpa; S. 206/207: C/Alexanian; S. 207 1: L/Jungeblodt; S. 207 2 und 3: p-a/dpa; S. 208/209: L/Maecke; S. 209 1: L/Galli; S. 209 2: NN; S. 209 3: Freyer; S. 209 4: AKG; S. 210 1, 2 und 3: C; S. 210/211: Caro/Bastian; S. 211: p-a/dpa; S. 212/213 und S. 213 1: p-a/dpa; S. 213 2 und 3: p-a/AKG; S. 214: Jürgen Eis; S. 214/215: L/Babovic; S. 215: AKG; S. 216 1 und 2: p-a/dpa; S. 216/217: Bieker; S. 217: p-a/dpa; S. 218/219: Argum/ Volker Listl; S. 219 1,2 und 3: AKG; S. 220/221: p-a/Picture Press; S. 221 1: p-a/AKG; S. 221 2: Schapowalow/Huber; S. 221 3 und 4: p-a/AKG; S. 222/223; L/Zahn; S. 222: p-a/dpa; S. 223: p-a/AKG; S. 224: p-a/AKG; S. 224/225: IFA; S. 225: C; S. 226 und S. 226/227: C/Corbis; S. 227: p-a/AKG; S. 228 1 und 2: Huber; S. 228/229: Zielske, S. 231: AKG; S. 232: Mau/Siepmann; S. 232/233: p-a/AKG; S. 233: Mau/ Siepmann; S. 232: p-a/ZB; S. 232/233: C/Ressmeyer; S. 233: p-a/Kpa; S. 234: f1online/Bahnmüller; S. 234/235: L/Enker; S. 235: C; S. 236: C/Hicks; S. 236/237: Zielske; S. 237 1: Mau/Kolley; S. 237 2: p-a/AKG; S. 237 3 und 4: Monheim; S. 237 5: AKG.

Impressum

Innere Wiener Straße 13
81667 München
Telefon +49.89.45 80 20-0
Fax +49.89.45 80 20-21
www.kunth-verlag.de

ISBN 978-3-89944-216-8
ISBN 3-89944-216-4

Text: Martin Rasper
Redaktionsleitung: Katja Baldewein
Redaktion: Katja Baldewein, Daniel Hoch, Michael Kaiser
Bildredaktion: Michael Kaiser, Verena Ribbentrop
Umschlag und Gestaltung: Verena Ribbentrop
Reinzeichnung: Verena Ribbentrop
Litho: Fotolito Varesco, Auer (Italien)
Druck: Appl Aprinta, Wemding

Printed in Germany

Alle Fakten wurden nach bestem Wissen und Gewissen mit der größtmöglichen Sorgfalt recherchiert. Redaktion und Verlag können jedoch für die absolute Richtigkeit und Vollständigkeit der Angaben keine Gewähr leisten. Der Verlag ist für alle Hinweise und Verbesserungsvorschläge jederzeit dankbar.